翻轉學

翻轉學

翻轉學

翻轉學

波段存股法
讓我滾出千萬退休金

投資晚鳥教師43歲打造股市開心農場，
「波段價差」+「股利再投入」，讓投資變零成本

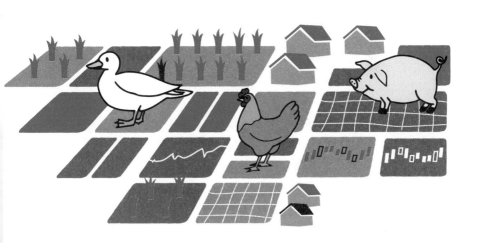

江季芸 ——著

目 錄

打聽明牌

幫人抬轎

每天盯盤

追高殺低

進出頻繁

把獲利、股利花光光

股災，低價買進潛力股的好時機

選股方向有兩種：生活、產業發展

調整投資策略：「波段價差加上股利再投入」

好公司的股價 2 ～ 3 年一個週期

漲三成賣出，等待下個進場週期

目 錄

好評推薦

「準備退休金永遠不嫌晚，只要你在學習投資的路上前進。」

—— MissQ，FB「MissQ 退休理財園地」創辦人

「我始終堅信 40 多歲是一個人生中最美好的階段。當你累積了足夠的生命經驗，也看透了投資的本質含意後，接下來更得遵循江教授的獨門心法進行操作，才能安心地創造屬於自己的退休財富！」

—— Vito，《倒數 60 天職場生存日記》作者、
職訓講師、顧問

「透過此書所指導的方法，人人都可以翻轉散戶宿命，透過正確投資心態累積豐碩退休金！」

—— 安納金，暢銷財經作家

「在超低利時代，存股蔚為風潮，但是存股也不是只有一種方法，各有不同。有心想要存股的讀者，或是已經開

始的，也都可以多參考作者書中的內容，找到適合自己的方式，邁向財富自由。」

——謝士英，存股老師

推薦序
投資理財越早越好，但別囫圇吞棗

—— 星風雪語（星大），恩汎理財投資團隊創辦人

　　在這工作責任制、薪資底薪制、競爭激烈化的時代，投資已成為多數上班族開展第二收入來源的選擇。但多數投資人都忘了透過理財來掌握財務負擔能力，在沒有找到適合自己的投資操作方式前，就因超額投資將自己逼上了絕路。

　　本書作者透過自己多年累積的投資經驗，分享自己在理財投資上的成果，適合投資人從中汲取經驗，建構自己的投資操作模式；另其中有許多不錯的投資應用工具，值得投資人多加學習應用。

　　投資理財雖然越早越好，但卻不是囫圇吞棗，按部就班的進行理財投資，掌握自己財務負擔能力，善用價差與股利，才能加速累積資產，提早享受財務穩定的生活。

前言
打造股市開心農場，不怕灰犀牛

　　大家都知道台灣出生人數年年下滑，出生率在全球敬陪末座。另一方面，台灣人口老化的問題也日益嚴峻，2018年已正式跨過國際衛生組織的高齡社會門檻，也就是每 7 人中，便有 1 人是 65 歲以上的長者。預計 2025 年，每 5 人中就有 1 位高齡者，屆時高齡人口占總人口的比率高達 20%，台灣將更進一步進入超高齡社會。

　　2020 年 7 月，我在電視上看到一則新聞：台灣 2020 年上半年，共有 5 個月的死亡人口數超過出生人口數，人口首度出現死亡交叉的負成長，台灣人口數再也回不去了。此時，我腦海裡浮現一個聲音——「這一刻終於到來了！」

　　少子化雖不是駭人聽聞的事，但卻如「灰犀牛」* 般以無聲無息方式，逐漸對台灣產生影響。灰犀牛是一種生長在非洲大草原、身軀龐大的動物，給人行動遲緩、不具威脅性的感覺，然而一但狂奔起來，其所爆發的強烈攻擊力，將造成巨大的破壞性災難。

---

* 黑天鵝指一個意料之外、影響巨大的事件；灰犀牛則指，顯而易見卻被視而不見，最終造成重大危機的事件。

　　所謂的灰犀牛效應，就是指極可能發生但卻被忽視的潛在威脅，並非來自隨機的驚奇，而是在經過一系列警告與明顯證據後，所發生的事件。

　　少子化對台灣各行各業或多或少都有直接或間接影響，然而對於身處教育界的人來說，它所產生的影響卻是與日俱增，讓許多老師惶恐不安，擔心害怕鐵飯碗不保。還好早在多年前，我所任職大學的校長便有高瞻遠矚的洞見，帶領全校師生進行一連串的革新，讓我們學校在台灣屹立不搖，放眼世界。

　　然而，即便我處在相對而言是比較良好的環境，但少子化的無形壓力依舊如影隨行、揮之不去，我不可能自欺欺人地告訴自己不用擔心、不用害怕；我跟大家一樣，也會擔心、也會害怕。

　　不知道什麼原因，少子化這隻灰犀牛在 2015 年突然像一座大山矗立在我眼前，迫使我不得不去正視牠、解決牠。面對少子化這隻大犀牛，我無法使用直球對決來和牠一較高下，因為這無疑是螳臂擋車、直接被輾斃，最好的方法是避開牠、繞道而行。

　　我深刻感受到必須及早做準備，讓自己的未來有多一個選擇權，危機來臨時才有機會搭著諾亞方舟離去。因此我下

定決心自己的退休金自己存，在心中默默擬定一個「離開校園 10 年計畫」，除了家人，沒有讓任何人知道，然後就這麼啟動了夢想。

當你想做一件事情時，全宇宙都會來幫你，這句話一點都沒錯。當我決定要以投資股市的方式來準備退休金時，我所需要閱讀的書籍、資金、人力、物力、資源等，全都匯聚而來，內心充滿無限感激。

我原本就很熱愛教學，開始投資理財後，因為多了一份財務上的安全感，讓我在無後顧之憂的情況下，得以投入更多的心力於教學、行政與服務各類事務上。我剛好也可以藉此檢視自己是否因投資理財而影響到工作表現。

我在這三年期間，指導學生參加全國競賽有 18 件作品獲獎、校內競賽則有 8 件作品獲獎。另外，指導學生申請科技部研究計畫，有 4 件案件通過申請，而我個人則是通過 2018 年度教育部教學實踐研究計畫。2020 年，教師評鑑結果出爐，我獲得了全校最高等級、名額只有三個的「教學傑出獎」，且排序於其中的第一順位。

此外，我連續 13 年獲頒優良社團輔導老師，所指導社團更於 2020 年得到教育部頒發「大專校院組 —— 自治性、綜合性」社團的最高獎項 —— 特優獎。面對這些肯定，內心

充滿感動與感恩。我想說的是，只要找到適合的方法，投資理財和工作並不衝突，魚與熊掌兩者是可以兼得的。

過去一年以來，我偶爾會接獲讀者來信，訴說他們工作與生活的痛苦，以及面臨的財務困境，希望能跟我學習投資理財的方法。我知道不少人家庭、事業兩頭燒，同樣有著工作不保、退休金沒著落的煩憂。我只是一位平凡無奇的投資人，我績效成果和坊間許多大名鼎鼎的老師也相差甚遠，何況坊間投資理財的書籍百百種，其實無須在書架上多擺一本。

但如果有人對我的方法感興趣，我很樂意奉獻個人棉薄之力，把過去的投資經歷和方法，盡己所能詳細陳述並公開。因為這樣的投資方式，讓我的財富在過去這些年來逐漸成長，我知道這種踏實感能為生活帶來安定的力量，所以很感謝采實文化邀請我出書，讓我有機會把這樣的觀念與更多人分享，期望能啟發更多人邁向財富自主的人生。

常常聽到有人說他投資理財一竅不通，這類的書籍也是拿來看心安、根本有看沒有懂，就算看懂了也不知道如何操作。有鑑於此，**我會從頭到尾示範如何搜尋投資標的、評估企業體質、設定買進與買出價格、累積零成本股票、記帳等**

步驟。最後，於附錄裡說明參不參加除權的優劣，以及常被大家忽略的交易成本，有興趣的讀者甚至可以先翻閱附錄來個震撼教育，然後再回來閱讀本書內容。

我的投資方法很簡單，不需要每天在股市裡殺來殺去、過著膽戰心驚的日子。你可以把80%的時間，用在生命中最重要的人事物上，投資理財和其他瑣事，就用剩下的20%時間去處理即可。希望你能發揮80/20法則，讓生活更充實愉快。

然而，我這個看似簡單的方法，卻有機會幫助你建立一個被動收入系統，讓你未來每年都可以領取一筆豐厚的股利收入，退休生活因此更有保障。這本書沒有複雜的投資理論，就算你只是初學者都能看懂，你也可以練習如何找出適合自己的投資標的，並建立專屬投資組合，擁有一座股市開心農場。

很多人都以為我工作平步青雲、一帆風順，其實我也曾經歷一段漫長的低潮期，眾人在職場上遭遇的壓力與挫折我也能感同身受。近年來，每當我看到惡質學校減薪、縮福利、教師舉白布條抗議、流浪教師等新聞而感到心酸時，就會很感激宇宙給我的考驗與啟發。我的人生因為放下、轉彎，反而看到不同的風景。

俗話說，上天為你關了一扇門，一定會再幫你開一扇窗，這句話一點都不假。我們這輩子所發生的事，所遭遇的人，所到達的地方，每個時機都來得恰到好處。宇宙中沒有偶然，所有的一切都是為了幫助我們去經歷、去領略、去成長、去進化。

我們每個人都是光，即便只是微弱的光，當黑暗來臨時，仍然可以用自己的光照亮前方的道路，勇敢地從黑暗中走出來。我想告訴過去曾經或現在正在經歷黑暗的人，你並不孤單，因為你就是光，你能照亮自己的方向，走向光明的未來。

第 1 章

從別人的錯誤學習，
更能避免犯錯

　　當我決心擬定「離開校園 10 年計畫」、自己的退休金
自己存之後，便開始思考下一步要怎麼進行。因為我大學畢
業後的第一份工作是證券公司的營業員，雖然僅有短暫的資
歷且當年的投資績效也乏善可陳，但畢竟股市是我曾經熟悉
的地方，而且台灣的證券市場制度健全並交易熱絡，很適合
作為投資理財的工具，所以我便決定重返股市。為了慎重起
見，我在機會來臨前先進行大量閱讀，從中選擇適合自己的
方法。

　　俗話說，你要從自己的錯誤中學習，但更聰明的做法則
是從別人的錯誤去學習。因此，我也開始回想當年身為營業
員時，自己及客戶在投資上犯的錯。《傑西・李佛摩股市操
盤術》（How to Trade in Stocks）作者傑西・李佛摩（Jesse
Livermore）說，股市的劇本千篇一律，只是演員不同。所
謂當局者迷、旁觀者清，當我試著和股市保持一定的安全距
離後，反而能以客觀角度分析過去的問題。我把常見的錯誤
整理出來，並說明這些年來我重返股市投資後，避免重蹈覆
轍的做法。

打聽明牌

很多人喜歡打聽明牌，然後去買這些公司的股票，但可能連這家公司在做什麼都不知道。

➡ 我現在都會注意產業動態與總體環境，從中尋找有潛力的公司，研究過後再把值得投資的公司納入口袋名單。對於熱心人士提供的明牌消息，也會審慎以對，但基本上，我會盡量離這些被炒作的公司遠一點。

幫人抬轎

很多人一聽到主力要做多某家公司的股票，或看到新聞說外資設定買進目標是多少錢，就跳進去買，買了以後通常慘遭套牢，最後發現原來都在幫人抬轎。

➡ 基本上，我不會去注意這類新聞，即使看到了，也是看看、聽聽就好。

每天盯盤

很多人喜歡一直盯著螢幕看股價，讓心情跟著起起伏伏，當你離股市很近時，不僅心情會受影響，而且也失去客觀的判斷性。有些人上班時間偷偷摸摸看股票，怕被發現而膽戰心驚，導致工作錯誤百出、得不償失。

➡ 《一個投機者的告白》（*Die Kunst über Geld nachzudenken*）作者科斯托蘭尼（André Kostolany）說，如果你總是盯著方向盤，將永遠學不會開車，你應該把頭抬起來，看前方 300 公尺的地方。投資人如果只在意螢幕上每分每秒的價格變化，將會忽略股價的長期走勢或其他投資機會。

針對我選定的優質投資標的，我會查看公司的週線、月線，了解他們的歷史相對高點、低點大致上的價格，用 APP 設定好想要進場的價格，買進後立即用 APP 設定歷史相對高點作為賣出價格，這樣既不用盯盤，也不會被短期價格波動給搞得緊張兮兮。

追高殺低

　　股票要賺錢的最重要法則，是要低買高賣，但股市是一個會讓人失心瘋的地方，一旦踏入，就失去方向，殺進殺出、追高殺低。

➡ 月有陰晴圓缺、潮水會漲潮退潮、鐘擺會左右擺
動，這些都是宇宙、自然運作的原理。股價也一
樣會有高低起伏的週期原理，只要找到好公司，並
觀察價格的循環週期（大概 2 ～ 3 年會有一個週
期），耐心等待買點與賣點，就能遵循低買高賣的
獲利準則。

　　科斯托蘭尼說，大家不應該跟在上漲的股價指數後面跑，而是要面對下跌的股票指數，大概就是這樣的道理。

進出頻繁

　　有些人賣出股票後可能賺了一筆錢，但卻又迫不及待要馬上、今天、明天、後天……，用最快的速度趕快再買進另一檔股票。結果剛賣掉的股票賺到的錢，就又被套牢在另一

支股票；等到這支股票解套賣掉，又急著把資金再買另一支股票，然後重複上演套牢、等待解套的劇情。如果不幸遇到黑天鵝，除了手中股票被套牢，也沒有多餘的錢去買價格超跌的股票，儼然遭受「雙重打擊」。

➡ 每當講到餐廳的經營績效時，大家就會去討論一個晚上的「翻桌率」有幾次，這樣的觀念根深柢固在大眾心裡，導致投資人一賣掉股票，馬上要再買進其他公司股票，以提升「翻錢率」來創造投資績效。有時錢翻得太快，就「陰溝裡翻船」了。很多人把股市當賭場，在裡面把股票炒來炒去，俗話說十賭九輸，賠錢的機率當然就很大。

巴菲特曾說，如果這輩子只給你 20 次交易機會，你所做的決策就會和現在很不一樣，會謹慎很多。我賣出股票後，就會讓資金停泊，耐心等待，直到口袋名單裡有投資標的到達設定的價格後，才會再重新逢低布局。巴菲特一再強調「安全邊際價格」是獲利的關鍵；科斯托蘭尼則說，耐心是證券交易所最重要的東西，誰缺乏耐心，就不要靠近證券市場。

把獲利、股利花光光

　　不少人賣出股票賺了錢，或是領到股利後，便開心出國玩、買包包、換手機、大吃大喝慶祝一番。好不容易賺到的錢便右手進、左手出，獲利就這麼消失不見。

➡ 我每年領到的股利，以及股票波段操作賺取的價差利潤，1塊錢都不會花掉，會再拿來購買零成本（免費）的股票，這些零成本股票，隔年後就會再生股利給我，於是就開始啟動錢子再生錢孫、自動繁衍的複利效果。

　　過去，我當營業員的時間不長，而且那時剛畢業，也沒太多資金可拿來「玩」股票，所以就是加減買賣，順便幫自己做些業績，領薪水、小賺小賠度日子。在離開證券公司這麼多年後，我問了一些在股市裡身經百戰、殺進殺出的親友，你們在股市裡翻滾了一、二十年，甚至更久的時間，是否已家財萬貫、累積足夠的錢財可以安然退休了嗎？絕大多數的答案是否定的，否則他們早就脫離股海。

　　在股市裡不是待越久就能賺到越多錢，這類型投資者只是帳戶裡的股票代號不斷變更，所以比別人有「更長」的對帳單、而非「更多」的資產。然而，我身邊還有一些無法和

別人高談闊論股票經的親友，他們使用類似存股、一般人比較不愛的長期投資方式，雖然短期內沒有亮眼的績效表現，但時間卻與他們站在同一陣線，為他們創造出豐厚的複利效果。有了這些前車之鑑，我知道「吃快弄破碗」的道理，所以告訴自己要戒急用忍，以穩扎穩打的方式重返股市。

設定目標，股利年領100萬元

想要完成「離開校園 10 年計畫」的任務，必須先計算需要設定多少資金作為目標。

近年來，由於各國政府不斷推行寬鬆貨幣政策，利率連年下降，許多長輩退休金所孳生的利息大幅縮水、入不敷出，面臨必須動用辛苦存了一輩子的老本，擔心害怕坐吃山空。再者，由於醫療技術進步，國人平均壽命延長，不少人也煩憂存款不敷使用至終老。

所以，我在想，不能用存到多少「金額」的「錢」的觀點來準備退休金，而是將現在的工作所得與離開職場後的可支配所得進行比較。既然已下定決心自己的退休金自己存，那就要存好、存滿，所以我設定一個目標：**離開校園後的所得替代率為 100%，每年有 100 萬元的「年退俸」，亦即每年能領到 100 萬元的股利。**

勾勒完這樣的藍圖，我便以「資產」觀點進行投資，所要做的是持續不斷累積股票資產，當有一天擁有的股票資產每年可配發 100 萬元股利，我便建置完成了每年可領到「100 萬元年退俸」的「被動收入系統」，屆時就能安然離開校園，從事繪畫、藝術、設計方面的興趣，以及有更多時間可以奉獻心力給國家社會。

想不到我的投資成果日益顯現，逐漸累積了股票資產與財富，讓我覺得自己很幸運、充滿感恩。彷彿有個聲音告訴

我，要寫一本簡單易懂的入門投資理財書籍，讓即便缺乏資金、個性保守的人，也能利用小額資金及早展開投資生涯，利用複利加速累積財富的成效，因此我便完成了《自己養會下金蛋的鵝》一書。

後來，偶爾會接獲讀者來信，希望我能進一步分享這些年來的投資經驗，正在思考時，因緣際會就收到采實文化的邀約。由於從未想過會出這本書，所以要去回想這 5 年來的投資點滴並整理出來，著實是一大考驗。但我會盡已所能，以有系統、邏輯的方式撰寫，讓有興趣參考我投資方法的人，都能了解背後的原理，並有機會練習或應用。

因為時間久遠，有些記憶可能有些模糊，要逐筆記錄出過去 5 年來的所有交易紀錄，是不太可能的事情。在不影響完整性的原則下，我將略過一些枝微末節的細項，以免讓內容過於龐雜散亂。

交易數量僅有個位數字的股票會予以省略，但若有特別值得分享的部分則會做解釋。對於某些交易當時買進或賣出的重要考量點，我會說明這過程如何根據交易績效、經濟景氣循環等因素，再配合一些大師的原理進行檢討與調整，最後慢慢形成我個人的投資策略。

股災，低價買進潛力股的好時機

2015 年，中國股災引發全球股市同步下挫，終於讓我等到進場時機。

一些存股達人都蠻偏好中信金（2891），由於我有它的信用卡且發現每家統一超商都有它的提款機，而且分行到處林立，所以能見度相當高。此外，中國信託商銀非常創新、也很會做行銷，we are family 的 slogan 更讓人朗朗上口，再加上過去配息和配股的歷史紀錄很不錯，所以便認定它是一個深具潛力且安全穩健的投資標的。

由於當時中信金從 24 元一路往下跌到 18 元，我覺得機不可失，便開始買進。巴菲特說，你要把雞蛋放在同一個籃子裡，然後專心看好它。所以，我便把資金 300 萬元，在 2015 年 9 月後，從 18 元向下買進中信金。

2016 年 1 月，我以 15 元的價格買進最後一筆中信金後，銀彈便全部用光，後來中信金最低價格曾經跌到近 14 元，那時覺得好可惜沒錢繼續撿便宜，總共買了 185 張，均價 16 元。很幸運，這 185 張中信金在 2016 年配息 0.81 元、配股 0.8 元，所以我領了 149,850 元股利和 14.8 張股票。為了將 0.8 張股票湊成整數，股利入帳後，我再買了200 股零股，所以中信金持有張數便增加至 200 張。

選股方向有兩種：生活、產業發展

藉由閱讀投資理財的書籍後，我也漸漸培養出自己的選股能力。

我的選股方向分兩種，一個是透過觀察自己的生活環境來選股，我稱為「生活選股」；另一個是藉由閱讀各種商業雜誌了解產業發展趨勢、開發潛在標的，我稱為「產業發展選股」。

一般民眾的垃圾是由公有清潔隊清理，但我發現，許多餐廳打烊時，都會有民營清潔公司去回收一袋一袋的垃圾，或是在後面巷子裡有專用的垃圾桶，由於垃圾是每天會源源不絕產生的東西，而且屬於政府特許行業，必須有合法執照和掩埋場，有點類似巴菲特說的，好企業要有很寬的「護城河」概念。

我研究了以後，發現有好幾家類似的公司，甚至包含醫療廢棄物處理公司，其中可寧衛（8422）每年的「每股盈餘」（Earnings Per Share, EPS）約有 12 ～ 13 元，而且配息很大方，大概有 10 元左右，股價也算合理，評估後便很安心進行投資。為了加速投資成效，之後每年也努力儲蓄，再繼續投入 30 萬～ 50 萬元的資金。

調整投資策略：「波段價差加上股利再投入」

　　巴菲特有句大家耳熟能詳的名言：「如果你不想持有某
檔股票 10 年，最好連 10 分鐘都不要持有。」此外，《我
把套牢股變搖錢樹》作者老農夫的一句話：「慢慢來、比較
快。」也深深打動了我的心，所以我便抱著要和我的股票天
長地久的心情重返股市。

　　我打著如意算盤，200 張中信金繼續配息 0.81 元加上配
股 0.81 元的話，2017 年，我就能再增加 16 張股票，並領到
16.2 萬元股利。如果能以這樣的方式持續「複利」成長下
去，我便能順利的達成投資目標。

　　然而，人算不如天算，2017 年中信金公布不配股、只配
息 1 元，這樣一來，200 張股票只能領到 20 萬元股利。我估
算 1 年若想領到 100 萬元股利，至少需要 1,500 萬～ 2,000
萬元的本金。我一開始的本金只有 300 萬元，以為自己買了
1 張由台北前往高雄的高鐵車票，哪知道開心過了板橋站，
才發現這張票只能搭到青埔站，之後必須轉搭台鐵普通車前
往高雄。眼看這樣的速度無法讓我達成 10 年離開校園計畫
的目標，所以必須調整原先的投資策略。

　　當你把股票賣掉，有些人便會用「如果你不想持有某檔
股票 10 年，最好連 10 分鐘都不要持有。」這句話來批評你

背離巴菲特的投資原理，覺得你是炒短線的人。為了避免只知其一、不知其二所造成的影響，若能仔細閱讀、反覆思考巴菲特的投資原理，將會獲得更多的啟發。

《巴菲特寫給股東的信》（*The Essays of Warren Buffett*）一書指出，「我們採用雙管齊下的策略投資在企業上（也就是百分百收購，或是在市場上購入部分股權）。當然，有時市場會高估一家公司的價值。在此情況下，我們會賣掉手上的股票。此外，我們有時也會賣掉價格合理，甚至是遭低估的持股，因為我們需要籌措資金，買進價值遭更大幅低估的股票，或是我們覺得自己比較了解的公司。」

由此可知，巴菲特並非只買不賣。一來巴菲特擁有巨額資金，但我的資金只有 300 萬元，所以不可能收購企業；再來，巴菲特投資的時間已有七、八十年，但我所設定的期限為 10 年。**在認清自己的資金與時間局限後，我便將巴菲特雙管齊下的策略調整為適合自己的「波段價差＋股利再投入」模式，藉此提升股票資產的累積速度！**

一方面受到中信金只配發股利 1 元的刺激，另一方面 2017 年時，台股開始上漲至九千多點接近萬點時盤旋許久，根據台股的歷史經驗，萬點總是曇花一現，是一個很難突破且持續時間不久的關卡。有鑑於此，除權完，我將均價 16 元的 200 張中信金股票，以 18.95 元賣出 158 張，把 300

萬元本金全部回收，在帳戶（開心農場）裡存下42張「零成本股票」，而這42張股票就是16元漲至18.95元的波段價差及配息的成果。

我的波段價差策略，是在股票價格上漲時賣出，可以回收全部本金的張數，並把剩下來的數量當成零成本股票「存」下來。回收全部本金的好處，就是能重新逢低布局一次。由於要歸零重新開始，就會變得更謹慎，也能耐心等待機會、不會躁進。

在這階段，我找到四家很不錯的公司，艾訊（3088）、聯華（1229）、長興（1717）和創見（2451）。在那段期間各國紛紛投入工業4.0，我循序找到工業電腦大廠研華（2395），但它的股價實在太貴，而且對應的歷史EPS與股利政策並不吸引人，於是作罷。

然後，突然發現隸屬於研華集團的艾訊（也是工業電腦廠），當年度在處分子公司益網之後，EPS貢獻9.6元，但市場看衰艾訊賣出金雞母後的未來前景，所以股價直直落。我研究發現，艾訊公司體質良好，所以便將售出中信金的300萬資金投入至艾訊，由52元開始往下承接至50元，買了59張。

聯華是麵粉大廠，因為看到雜誌報導董事長苗豐強帶領

公司進行一連串創新發展的報導，觀察過去的 EPS 和配息配股都很穩，便決定投資聯華。長興材料主要做合成樹脂，是歷史悠久的公司，獲利穩健且幾乎都有配息和配股（同時發放股利與股票是我最喜歡的公司類型），所以也開始買進。

我在報導上看到創見連續 13 年獲得台灣精品獎，而且我工作需要使用隨身碟，在商店架上經常看到創見的產品，所以便研究了一下。它是快閃記憶體大廠，獲利穩健且每年配息豐厚，同時也是 0056 的成分股，而且價格又來到歷史相對低點，所以也決定買進。礙於股利和儲蓄的新增資金有限，所以只買了零星張數的聯華、長興和創見股票。

好公司的股價 2 ～ 3 年一個週期

累積幾年的經驗後，我發現一些好公司的股價每隔 2 ～ 3 年就會有一個循環的週期，所以只要在歷史相對低點的價格買進，之後價格在 2 ～ 3 年內漲三成不成問題，因此我便將波段價差設定為「漲三成」。買進後若期間內股價沒有上漲，過程中還能領股利，很有保障，一旦到達漲三成的目標價格立即賣出。如果賣掉股票後，它的價格繼續上漲，我也不會覺得可惜，我就祝福它，並很開心自己的眼光真好。

　　很幸運，艾訊漲了三成，所以賣出 48 張股票回收 300 萬元的本金，並在開心農場裡存下 11 張零成本股票。同年聯華也漲了三成，因為當時買的張數比較少，所以全數賣出，並將波段價差的獲利留下來，之後找機會為開心農場添購零成本的股票。

　　我在雜誌上看到宜鼎（5289）的報導，該公司以自有品牌 Innodisk 拿下全球工業級 SSD 市占率第一，著重在工業控制領域，是台灣的隱形冠軍，每年可以賺一個股本，EPS 和股利都非常不錯。

　　2019 年年初，台股下跌，許多公司的股票價格也都同步走低。此時，宜鼎的價格來到歷史低點（100.5 ～ 101.5 元），所以我在 2019 年 2 月買了 20 張。同時，聯華在 2 月時股價也跌回上次我買的歷史低點，所以用 30.5 元的價格再買了 28 張。

　　國巨（2327）在 2019 年 3 ～ 4 月公布配發股利 44.8 元，當時股價已跌破 340 元，我換算一下，殖利率高達 13 %，讓我非常心動，所以就從 340 元開始往下買了 6 張。此外，我發現大家都很愛考公職，也常常聽到廣播的補習班廣告，研究了一下，找到了智基（6294），它的獲利和配息（殖利率 7.3 %）也相當好。

　　反觀中信金，當時股價已來到 20.9 元，但是僅配息 1

元，殖利率只有 4.78%，所以我便把帳戶中 42 張零成本的中信金賣出，轉換成 5 張智基和 1 張國巨。

漲三成賣出，等待下個進場週期

2019 年年初，台股由低點一路往上漲，越漲越瘋狂。我一直謹記霍華‧馬克思（Howard Marks）《掌握市場週期》（*Mastering the Market Cycle*）裡所說的，你必須辨識市場週期目前處在哪個位置，才能看出別人察覺不到的大機會。當別人義無反顧、信心滿滿、積極大舉買進時，我們應該要抱持高度謹慎的態度。我雖然不知大盤何時會反轉，但已經開始提高警覺。

巴菲特說，當潮水退出，就知道誰在裸泳。暢銷財經作家安納金也說過，當海嘯來臨時不是比誰游得快，而是要看誰已經離開沙灘了。

2019 年年初，我買進宜鼎和聯華，後來都漲到波段三成目標價，有鑑於感受到股市過熱的氣氛，所以這次我採取的策略是**將股票全部售出以回收更多資金，等待下次逢低布局機會**，所以就沒留下零成本股票，其中宜鼎漲三成後以 132 元賣出 20 張，獲利 60 萬元。

　　老實說，國巨和我過去所挑選的股票類型完全不一樣，買了以後無法像其他股票可以讓我不用管、安心吃飯睡覺。國巨除權完後，股價一路下探至兩百多元，我慢慢等它漲到375元後，為求安心便在獲利15％時全部售出，領了約27萬元股利，再加上小小幅度的波段價差利潤27萬元，國巨最終以獲利54萬元收場。

　　國巨股價後來又歷經了一波震盪起伏，在寫這本書之際，股價雖已漲至600元，但我賣掉它卻從不後悔。我特地說明國巨的投資歷程，就是想讓讀者知道，**你必須要清楚自己的投資目標是什麼，哪種股票適合你，你想在股市裡追求上沖下洗的快感，還是安全平穩的獲利？**美國成功學作家拿破崙・希爾（Napoleon Hill）所說：「心靜致富。」對我而言才是最重要的。

投資 5 年，提早滾出千萬退休金

　　2017年，我以80元價格買進5張創見之後，營收就持續衰退，價格甚至曾經一路下跌至六十多元，我就一直在等待機會賣出。很幸運地，2020年初創見實施庫藏股買回自家股票，所以價格開始慢慢上漲。在2月時，競爭對手日本

AND Flash 晶片大廠鎧俠（Kioxia，原名東芝記憶體）生產線失火，轉單效應造成創見股價大漲，我便趁機在 82 元全數賣出。

雖然只賺到一點點價差，沒有達到三成漲幅的目標，但是 2 年來創見分別配發 6 元和 5 元的股利，40 萬元本金一年領到 3 萬元股利（殖利率 7.5％）、一年領到 2.5 萬元股利（殖利率 6.25％），比銀行定存好太多，我也心滿意足了。

《富爸爸，窮爸爸》（*Rich Dad, Poor Dad*）作者羅伯特・清崎（Robert T. Kiyosaki）說：「富人買進資產，窮人買進負債，中產階級則是買進自己以為是資產的負債。所謂的資產是指，買下後能不斷產生現金流到你口袋裡的東西，所謂的負債則是，買下了後會不斷從你口袋把錢掏走的東西。」

這句話對我的影響很深刻，也讓我在挑選投資標的時，除了重視公司體質和發展前景，更重要的是，必須要有很好的股利政策，如此才能產生源源不絕的現金流，達成我建置每年可以發放 100 萬股利的被動收入系統目標。

分享這段創見的投資歷程，是想讓讀者知道，買進股票後，股價難免會波動、下跌，但過程中，若每年都能領到豐厚的股利，你便能很放心的抱著股票，不需要因為害怕股價下跌而「認賠殺出」，可以耐心等待股價上漲時機的到來。

霍華・馬克思指出，如果市場往一個極端擺盪得越高，它盪回來的力量可能會更猛烈，並且造成更大的損害。上漲後就是修正，多頭市場後就是空頭市場，在繁榮和泡沫之後接踵而至的，則是傷害更大的崩潰與恐慌。巴菲特也說，每一個泡沫，都有一根針在等著它。

我不知道這樣算不算泡沫，也不知道針藏在哪裡，更不知道何時股市會豬羊變色、產生變化。我能做的就是提高警覺、預做準備，耐心等待機會。賣出創見後，2020 年初，我已經收回 70% ～ 80% 的資金，在過熱的投機氣氛中等待股市反轉。

然而，誰也意料不到，在農曆春節股市封盤期間，竟然爆發新冠肺炎疫情，一隻黑天鵝從天邊飛來，戳破全球過熱的股市。巴菲特說，當別人恐懼的時候，我們要貪婪；霍華・馬克思也說，當別人驚慌失措不敢採取行動，甚至恐慌賣出時，我們應該要**轉趨積極**。

在逐步收回資金等待近半年後，機會終於到來，而我一直在等待的自動化倉儲設備大廠盟立（2464）的股價，也下跌至 2 ～ 3 年來的歷史相對低點。當盟立到達我所設定的進場價格時，我便從 35.75 元開始買進，並用很快的速度先買足一半資金的盟立股票。每年股市的走勢都不同，這次股市不像 2017 年、2018 年、2019 年，讓我幾乎都是買在低點沒

多久後，價格便開始反轉向上；股價也不像 2015 年 8 月一路下跌至隔年 1 月，而是雪崩式的下跌。

　　由於看好自動化設備的前景，所以我將大部分資金鎖定在盟立。然而，盟立的價格卻如同自由落體般不斷墜落、深不見底，我向下承接的資金越來越少，直到價格來到最低價格 25.5 元，那一天我買了 5 張股票。表面上從 35.75 元往下買至 25.5 元，均價應該很低，但事實上，均價是 33.3 元，並沒有想像中的低。

　　那陣子剛好遇到媒體來採訪，當時還在布局階段，原本預計要買 167 張，後來人算不如天算，最終只買了 151 張，總成本為 503 萬元。原本我以為會用複製當年中信金的模式來布局盟立，不過這次股市崩盤來得又快又急，雖然最終的結果相似，但過程還是不太一樣，這就是股市千變萬化、難以捉摸、充滿挑戰的地方。這次股市跌得既深又快，但是回升的速度不遑多讓，所以有人稱為「深 V 反彈」。後來，盟立除權完後，股價突然急速反彈，我便以均價 51.1 元賣掉 99 張股票，把 503 萬元本金全部回收，並在開心農場存下 52 張零成本股票。

　　由於壓縮大廠瑞智（4532）在爆發新冠肺炎疫情後，價格也終於來到我原先設定的目標價格 22 元，所以就開始進場，一共買了 100 張、均價為 19.9 元，其實也不算便宜，

波段存股法，
讓我滾出千萬退休金

過程中最低還曾跌至 13.65 元。同期間，複合板大廠森鉅（8942）的價格也下跌至目標價 60 元，因此便以 60 元單筆買進 10 張。

此外，工業廢水處理大廠萬年清（6624）和近年來很熱門的 ESG 議題，亦即 Environment（環境永續）、Social（社會責任）及 Governance（公司治理）三者中的環境永續有關，但是由於剛上櫃不久，能夠參考的歷史資料有限，且每日交易量很低，所以用 40.3 元買了 3 張。目前股價跌至三十出頭我也不擔心，因為廢水處理是未來企業必須面對的重要課題。

在投資滿 5 年後，本年度在投資上的大躍進便是領到 60 萬元的股利，帳戶資產達 1,300 萬元（包含庫存股票的市值及售出股票的現金存款），內心真的無限感恩。

第 3 章

打造股市開心農場的
投資策略

　　我的目標是要在 10 年後，每年可以領到 100 萬元的股利，所以設定的投資策略是建立未來每年可以配發 100 萬元股利的被動收入系統，因此我要做的事就是在帳戶裡持續累積股票資產，直到擁有的股票數量每年可以自動發放 100 萬元股利，屆時我的被動收入系統便已完工。

　　為了執行這項計畫，**我把自己想像成為一名農夫，以開疆闢土的心態耕耘一座物產豐富、生生不息的「開心農場」**。為了打造這樣的農場，必須養殖品種優異的家畜和栽種基因良好的農作物，所以在引進前，要進行評估篩選，才能避免踩到雷，提高成功的機率。動植物的成長需要時間、急不得，所以我知道耐心等待是必經歷程。確認好經營理念，便能展開農場的開墾任務，我的概念與方法大致如下：

　　我先到市場走走逛逛調查商機，看看有哪些品種，以及價格大致落在什麼區間。明查暗訪後，找到一家信譽卓越的養雞場，耐心等到它舉辦週年慶降價特賣會，將手上僅有的資金全數購買它的雛雞。在等待雛雞長大的過程，有空時我也會去市場晃一晃，把值得購買的品種、店家、合理價格等資訊寫到記事本裡，作為未來的採購參考清單。

　　經過一年半載，我的雛雞終於長得頭好壯壯（例如股價漲三成），我就去市場賣掉能回收當時購買雛雞本金數量的

成雞（賣掉相對應張數的股票），剩下的部分就成為開心農場裡免費的雞（零成本股票）。

我把這些雞視為專門用來下蛋的蛋雞，之後所生的蛋（股利）我不會吃掉（花掉），而是再拿去市場換購其他家畜回來養（買其他股票）。這些免費的蛋雞（零成本股票），便開始啟動自動繁衍增值的模式（錢滾錢、錢子再生錢孫的複利效果）。

還有另一種可能的狀況，在雛雞長到你設定拿去市場賣掉的大小前，牠們也已發育到可以下蛋的程度（股票持有期間參加除權），這些蛋（股利）也要用來購買其他免成本的家禽（其他零成本的股票）。如此一來，原本的雛雞便能創造出兩種不同來源的繁衍管道（有兩種增加零成本股票的途徑）。

賣掉部分成雞，回收所有原始雛雞資金成本後，就可以檢視一下平時記錄的採購參考清單，看看有沒有適合養殖的新品種。如果這些新品種（新股票投資標的）當下的價格太貴（股價在高點），就耐心等待店家的促銷機會（價格來到 2～3 年的歷史相對低點），就算等待數個月、半年都沒關係，因為降價才能撿便宜、買到更多數量（買到更多張數）。但千萬也別非等到破盤價才買，因為在正常情況下，這不太可能發生，然而，若是千載難逢的破盤價出現時（黑

天鵝來臨），則不要錯失良機，因為機會稍縱即逝。

終於等到能以較低價格向口碑良好的豬農買進一批幼豬了，等幼豬長大後，再把本金數量的成豬給賣掉（賣掉相對應張數的股票），剩下來的部分就成為開心農場裡免費的豬（零成本股票）。這些豬之後專門用來生小豬，所生的小豬（股利）一樣不能吃掉（花掉），而是再拿去市場上換購其他家畜回來養（買其他股票）。這些免費的豬（零成本股票），便開始啟動自動繁衍增值的模式（錢滾錢、錢子再生錢孫的複利效果）。

開心農場便以這種方式持續運作下去，等到複利效果讓資金成長至更大的規模時，便能在市場上挑選 2 ～ 3 個新品種，例如蘋果樹苗、柚子樹苗、芒果樹苗進行栽種。開心農場的建置目標，便是讓裡面有多元化的物產，這樣一來便能享用各種美食並讓飲食更均衡健康。此外，若柚子慘遭颱風侵襲而歉收，還有其他水果可供收成；若夏天太熱導致蛋雞的蛋量減少，則能改吃鴨、鵝、豬、牛……。如此一來，便能分散單一養殖的風險，讓生活更有保障。

由前述的分析可得知，**開心農場物種的挑選原則，首重能滿足日常所需，且可產生附加價值（股利）的品種**，所以像孔雀、企鵝、無尾熊等觀賞用動物（虛有其表的公司）不會被納入考量。此外，號稱未來有無限發展潛力、經濟價值

高（本夢比高），但須曠日廢時後，才能收割成果的物種，例如檜木、杉木，也是謝謝再聯絡。而大家為之瘋狂、拚命搶購、幻想是獨角獸的珍寶，但可能買回來後才發現是驢子、有潛在風險危機的品種，我則是唯恐避之不及。

當我確定好自己想要什麼樣的開心農場，並設定好各種原則後，便能按部就班在市場交易，逐漸擴大農場的規模，如此就不會受到外界的誘惑，而買進不適合的物種，安心自在的生活。在認清自己的原則後，我便能在這樣的信念下投資，不會隨波逐流、迷思自我。我的開心農場投資策略，則是啟發自巴菲特以下的重要觀念：

持續買進好公司，整體報酬率令人滿意

巴菲特曾在 1986 年購買了一座位於美國內布拉斯加州奧馬哈（Omaha）以北約 80 公里處的農場，他估算長期而言，農場的生產力將會成長，而農場品的價格也將上升，他的這兩項預期後來都正確無誤。他認為，農場雖然偶爾會收成不好，農產品的價格可能也會出現令人不滿意的狀況，但這有什麼關係？因為有時也會遇到異常好的時機。

縱使農場的成長不會有戲劇性的表現，但這卻是令他滿

意且穩健的投資。巴菲特說，他永遠不會有需要出售這項資產的壓力，而在他購入此農場數十年後，仍未售出。

受到這樣的啟發，我決定也要在股市裡開墾屬於自己的開心農場。未來我持有的公司也許偶爾有幾家會出現績效不佳的年分，但也可能會有幾家某些年度績效表現特別卓越，只要持續買進好公司的股票，相信未來整體報酬率同樣也能是穩健且令人滿意。

只聚焦 2 ～ 3 家自己了解和值得信賴的公司

巴菲特並不主張分散投資，他認為，**投資人應將大部分資金投資在 2 ～ 3 家自己了解、且經營團隊值得信賴的公司**。在資產配置和投資心思適度集中的情況下，投資人將會對投資標的進行更謹慎的分析，也唯有當他對投資標的有更大信心時，才會決定買進，如此一來，反而能降低風險。

所以每次我將本金全部回收後，便會以歸零的心態篩選新投資標的，並將資金重新布局在 1 ～ 3 家公司，而這幾家公司通常都是一時之選，成為我帳戶裡的生力軍。巴菲特認為投資人無論大小，應堅持建構自己的投資組合，所以我也堅定的擴增自己的投資組合。

付出的價格必須低於獲得的價值

巴菲特非常強調安全邊際（Margin of Safety）原則，堅守投資時付出的價格，必須大幅低於所能得到的價值，這是他成功投資的基石。這也是為何我回收資金後，會耐心等待好公司的股價下跌至相對歷史低價後再進場，不會急著要馬上買進新股票的原因。

多數人適合長期投資 ETF

由於一開始只有 300 萬元資金，且設定的目標時間是 10 年，為了克服巴菲特所說的「如果你不想持有某檔股票 10 年，最好連 10 分鐘都不要持有」，我的變通做法是進行波段操作，並留下漲幅三成張數的零成本股票「存」在帳戶裡。這樣一來，零成本股票就不會有虧損風險，而能安心的長期持有，此外也能讓資金運用更有彈性。

巴菲特提出兩種投資建議，第一種是在自己的能力範圍內，冷靜明智分析投資機會。只有審慎評估事實、持續堅守紀律，才可能賺到高報酬。我便是在尊崇巴菲特的教誨下，建立「開心農場」，並將自己的投資方法在本書中分享給有

興趣的讀者。

　　然而，巴菲特認為對許多人而言，最佳做法是長期投資一檔指數型基金。只要定期投資一檔指數基金，一無所知的投資人實際上能打敗多數專業人士。這部分我另外寫了《自己養會下金蛋的鵝》一書，說明如何利用小額資金投資 ETF，利用複利效果，建立被動收入系統、擁有「開心鵝場」，有興趣的讀者也能參閱。

　　我除了「開心農場」，也循序漸進建置了「開心鵝場」，在安全穩健的投資方法之下，我的財富因而能有保障的持續成長。

第 4 章

用對方法，
借錢投資很安全

從事公職或教職的人在個性上通常較為保守，不求大富大貴，但求擁有穩定的收入，並在退休時享有財務保障。認真工作、孝順父母、存錢買車買房、準備子女教育基金，這些也是東方文化的基本價值觀。

翻轉無債一身輕的觀念

我生了女兒後，隨即買了房子，突然多出過往沒有的育兒與房貸兩筆大支出，開始感受到經濟壓力。在無債一身輕的觀念薰陶下，我當時每存到一筆錢，便拿去還房貸，甚至2014年買車時，也是直接現金支付，唯恐讓自己再多背上一筆車貸的負債。

2015年8月股市下挫，等待許久的進場機會終於到來。

老師的薪水看似不錯，也很穩定，但扣掉房貸、孝親費、育兒支出、買車、食衣住行育樂等零零總總的開銷，其實也所剩無幾，所以當時我的資金只有100萬元。如同前面所說，我拚命還貸款都來不及，哪裡會想到要去貸款來投資股票，這從來都不是我的人生選項，借錢買股票簡直就是在賭博，風險實在太大。

以前每每接到銀行貸款的行銷電話，我總是很客氣的跟

對方說不需要，然後快速簡短結束通話。就在萬事俱全、只欠東風，惆悵著因為缺乏資金，而要眼睜睜地看著投資機會即將消逝、感到遺憾之際，突然來了一通銀行房貸的行銷電話，正當我想要婉拒時，對方趕緊開口說，還是我把資料寄給你，你參考一下內容，之後再打電話跟你聯絡呢？

此時，我彷彿和宇宙接上了線，突然覺得其實可以先了解看看，然後就答應了她的建議。收到信件後，我發現利率很低，利息負擔其實不重，所以便請對方幫我辦理。由於要把原先銀行貸款轉到新銀行，需要辦理一連串的複雜手續，有些麻煩。後來，我發現只要將原本的房貸進行增貸即可，而且利息還比轉貸更低，我便跟回去和原銀行進行增貸。

如此一來，我等同讓這位行銷專員白忙一場，覺得很對不起她，於是寫了卡片跟她致歉，並隨信附上 2 張電影套票，謝謝她的付出，她收到信還打電話來跟我道謝，說我實在太客氣了。雖然我已不復記得她是誰，但至今每每想起這件事，我都滿心感謝她與那通電話，因為她扮演了我投資關鍵時刻的小天使。

我當時的房貸只剩 100 萬元，且享有教師利率 1.64％，每個月償還金額約 9,750 元。增貸的部分雖不適用優惠利率，但相較於市場行情，取得 1.88％ 也很不錯。我把想要以房屋進行增貸的想法告訴我先生，他很支持我的決定，我便

開始設算究竟要增貸多少金額。

舉債投資的聰明方法

巴菲特在書中提到：「我們在舉債方面非常節制。真的需要借錢時，我們會嘗試取得利率固定的長期貸款。我們寧可放棄有意思的機會，也不願意背負過高的債務。」我們夫妻 1 年合計的家庭所得是 200 萬元，因此便設定以 1 年的家庭所得金額為基礎進行增貸，這樣便不會有太大的負擔，而且也能減少心理壓力。

以利率 1.88% 增貸 200 萬元，申請 2 年只繳息不還款的話，試算後發現每年利息 37,600 元、每月 3,133 元，對家庭支出影響不大。我當時鎖定的是非常穩健、大到不能倒的中信金，而且價格已從 24 元跌至歷史相對低點的 18 元，所以大幅降低了投資風險。

2015 年中信金配息 0.81、配股 0.81，以那時候中信金18 元的價格來計算，貸款 200 萬元可以買進 111 張股票，次年若中信金的股利政策維持不變，將能領到近 9 萬元的股利，在支付完一年近 4 萬元利息後，還有 5 萬元的利差。

此外，111 張股票還能配發將近 9 張股票，若以股價 18

元計算，市值約當 16 萬元。5 萬元利差再加上市值 16 萬元的股票，這筆 200 萬元的增貸在扣除利息成本後，將有 21 萬元報酬，故為一項安全又值得的投資。

因為我是**預先做研究、確定投資標的、耐心等待時機、計算潛在獲利、預做風險控管後才去貸款，便能讓自己產生比較大的信心與安全感。若貸款金額超過自己的能力範圍，而且是拿到錢後才開始在茫茫股海中尋找投資標的，這樣會提高投資風險和無形的資金壓力。如果以融資形式進行資金槓桿，不僅利息更高，也有被迫贖回、斷頭的風險。**如同諺語說的「借錢去賭博，一開始就注定會輸」，大家對於投資資金的取得方式，應三思而後行。

我 2015 年 9 月增貸後，發現用巴菲特所說的，以利率固定的長期貸款取得資金的優點是，你能知道每個月固定需要繳交多少還款金額，而且在現今低利時代下的利息成本不僅低廉，投資報酬率安全又穩定。有鑑於此，2 年寬限期期滿後，我在 2017 年 9 月又跟銀行申請延長寬限期，每個月繼續只繳利息不還本。

2019 年 9 月期限即將屆滿之際，我再度跟銀行申請延期，之前銀行都只給 2 年期限，應該是因為市場上的爛頭寸（閒置資金）實在太多了，這次銀行竟然一口氣讓我再延緩 3 年。這 200 萬元增貸利率，從一開始的 1.88％ 降至目前的

1.62％，每個月的利息成本由 3,133 元減少至 2,750 元 *。

此外，我原先房貸餘額也從一百萬元逐漸還款至剩下五十幾萬元，這部分的利率則是由 1.64％下降至 1.11％，每月連本帶利的還款金額也從 9,750 元減少至 9,540 元 **。

過去在傳統觀念之下，我會覺得有負債、借錢是不好的，所以想趕快把房貸還完；現在的我，由於做足功課，所以清楚了解成本效益之間的關係，故能跳脫傳統的思維限制，讓自己在安全穩定的基礎上，放心追求財務自主的人生目標。

---

* 每月實際金額會略有浮動。
** 由於貸款餘額不多，所以相對利息金額減少幅度較小。

穿越雜訊，挑出好公司

走在市場裡，新奇有趣的商品琳瑯滿目、讓人目不暇給，而攤商老闆的叫賣聲此起彼落、好不熱鬧，走馬看花之際，有時都忘了自己要買哪些東西。

此外，又有許多零售通路可供選擇，我到底要去傳統市場、超市、量販店、百貨公司或電商平台選購呢？現代人家庭事業兩頭燒，每天都有忙不完的事，哪有辦法擠出充裕時間來研究股票？所以一般人最常見的方法，便是打探明牌、聽取小道消息，然而，這樣的下場通常不太理想（其實是很慘）。

現在資訊氾濫，很多人都深怕自己錯失訊息，但過多資訊反而讓人無所適從、迷失方向。因為我很忙碌，只能在有限的時間下，蒐集市場訊息，小而美的資訊管道來源對我而言相當重要，以下列出我慣用的媒體及使用方式：

管理與商業雜誌

基本上，我不看專門報導股票資訊的雜誌與財經節目，一來，這類節目主持人與來賓慷慨激昂的對話內容，易使人心跳加速、越聽心越亂；再來他們所論及的股票，經常都已被主力炒作得差不多、即將上演你丟我撿的戲碼，散戶跳進

去買了後，才發現自己誤入歧途、為人抬轎。

我每隔一段時間就會閱讀《天下雜誌》、《商業周刊》、《今周刊》、《遠見》雜誌，藉以了解當前的產業趨勢、各類公司現況、金融經濟發展、政策走向、國際經貿局勢等資訊。大多數情況下，只是進行快速地翻閱瀏覽，並不一定非獲得什麼投資訊息不可。然而，若是發現值得注意的商機，我就會停下來仔細閱讀，並針對這篇報導進行延伸性的研究，在此舉出兩個範例：

範例① 發現市占率全球第一的隱形冠軍

2019 年 1 月，《天下雜誌》665 期的主題，是台灣企業「工業 4.0 大調查」，一直以來，我對這個主題都有濃厚興趣。我一邊翻閱，一邊對台灣企業的創新研發實力讚不絕口。然後，我被其中一篇報導吸引了，宜蘭竟然有一家工業用等級記憶體模組和儲存裝置公司，它是市占率全球第一的隱形冠軍，客戶數多達 2,700 家，遍布全球且產業領域涵蓋工控、航太、交通、博弈等，其致勝的關鍵能力是提供少量多樣、高度客製化的產品服務，這家公司名為宜鼎（5289）。

好不容易找到了這麼一家優質公司，當然要先收納至我

的 APP 裡，之後再利用設定好的準則，評估是否值得進行投資。其實這期雜誌裡還有幾家不錯的公司，由於後來沒有通過我的篩選，所以就不予以列出，至於如何判斷一家公司是否要納入投資參考名單中，這部分將於後面續繼續說明。對此篇文章有興趣的讀者可以掃描圖 5-1 的 QR Code：

圖 5-1 《天下雜誌》：宜鼎

範例② 從店家新服務，挖掘投資商機

2020 年 7 月，《天下雜誌》703 期的主題是餐飲二代飲食革命，民以食為天，餐飲服務在台灣占據重要地位。我在文章中看到麥當勞的報導（見圖 5-2），很好奇麥當勞究竟是什麼樣新奇有趣的事躍上版面？大家可以先看文章內容，然後練習看能從中嗅出什麼樣的商機與投資機會嗎？

當然，每個人獲得的靈感和啟發不盡相同，因此便能各自挖掘出獨特的投資標的。

圖 5-2　《天下雜誌》：麥當勞

　　仰德集團第三代李昌霖先生入主麥當勞後，便開始進行一系列革新，啟動「麥當勞 2.0 餐廳」的計畫，透過美味、環境、科技和服務四個層面，展開麥當勞飯店化的未來體驗行動。其中的全方面數位服務，包含開放信用卡和四大票證支付、發行點點卡、推出麥當勞報報 APP 及架設自動點餐機。

　　看到「自動點餐機」時，我腦裡浮現出麥當勞、摩斯漢堡、鬍鬚張，還有許多餐廳為了節省人力與加速服務流程，紛紛設立這類的自助點餐機，甚至大潤發也有規劃自動結帳區，形形色色的 KIOSK* 如雨後春筍般出現在大街小巷，所以便開始搜尋生產製造這類機器的公司，然後尋獲了三家公司：飛捷（6206）、振樺電（8114）、樺漢（6414）。

---

* 一台結合了便利性電子系統的電腦，它的功用涵蓋廣範，可作查詢、收發 E-mail、自動售票機等。

新聞與產業影音報導

　　大家每天或多或少都會接觸到新聞報導或影音節目，有些東西看看就好，但有些卻值得進一步去探究背後的商機。為了讓學生能將課堂學到的知識和企業實務結合，所以我都會去蒐集相關的產業資訊作為上課補充教材。

　　多年前，我搜尋倉儲物流的課外資料時，發現亞馬遜（Amazon）無人倉儲影片（見圖 5-3）而驚呼連連，當時覺得亞馬遜是全球頂尖的電商公司，外國的月亮比較圓、科技也比較先進，所以壓根都沒做投資聯想。

　　後來在更新教學補充教材時，發現了電商平台 MOMO 購物自動化物流遊樂園的影片（見圖 5-4），驚覺原來台灣的倉儲物流技術能力也不容小覷，而且自動化設備是未來的趨勢，因此便開始搜尋投資機會，並找到了這方面的大廠盟立。

圖 5-3　亞馬遜無人化倉儲

圖 5-4　MOMO 購物自動化物流遊樂園

　　根據內政部的統計，台灣在 2020 年 1 ～ 6 月，共有 5 個月的死亡人口數超過出生人口數，台灣人口首度在 2020 年出現了死亡交叉的負成長狀況。雖然人口老化與少子化已是這幾年來熱門討論的話題，但在過去這只是大家嘴上說說的事，現在卻親眼目睹人口負成長的時刻到來，多少還是會讓人憂心忡忡，有些人更是直指少子化是動搖國本的重大課題。

　　人口負成長的新聞（見圖 5-5）在 2020 年出現時，大家應該約略都曾看過，你可以回想一下，當時你看完這方面的新聞報導時，有什麼的反應，或是看過就算（忘）了呢？

圖 5-5　台灣首度人口負成長的新聞

　　當人口負成長已經無法改變的事實，人口老化也是無法阻止的趨勢，在不可逆的情況下，政府政策、產業發展、企業對應措施、消費型態、經濟發展等各層面勢必有所轉變。人口負成長首當其衝的直接影響，便是未來勞動力不足，企業人才因此招募不易，為了避免缺工與降低勞動成本，自動

化設備的建置、工業 4.0 的發展（未來還有 5.0、6.0⋯⋯）
及物聯網等，都是值得投資的方向。

在人口老化的方面，長照、醫療保健、AI 人工智慧也
有很大的商機。列舉前述的例子，就是用以說明**只要我們能
多加留意生活中的資訊，經常動腦聯想，保持敏銳並多加練
習，也能成為股市中的名偵探柯南，藉由蛛絲馬跡探索出專
屬自己的投資標的。**

利用財報狗選股

一般人由於沒有財經背景及接受專業訓練，所以常會感
慨自己看不懂企業的財務報表。然而，即便有這方面的學
歷，想要在眾多財務會計指標中抽絲剝繭、找出體質良好的
公司，也不是一件容易的事。我在投資過程中，發現評估企
業經營績效的指標目不暇給、琳瑯滿目，而且有時候不同指
標間的關係又會互相衝突，因而產生顧此失彼的狀況。

知道自己不是財經專家，也不是訓練有素的基金經理
人，無法檢視所有指標後，找出完美的投資標的，所以我的
目標就是透過一些重要指標、篩選出符合標準的公司，然後
再耐心等待進場機會，如此一來便能降低風險，並提高獲利

的機會。

如果你跟我一樣，每天在工作與家庭之間分身乏術，很難再抽出時間研究股票，而且也不知從何開始下手，不妨試試「財報狗」的網站，它是免費的，只要註冊後便能使用許多功能，並且可以透過許多指標進行評估，如同對公司進行財報健檢，非常容易使用。

讀者可以先掃描圖 5-6 的 QR Code，之後便能進入財報狗的網站 *。

圖 5-6　財報狗網站

進入財報狗網站後，可以先註冊，這樣便能保存、記錄自己整理或有興趣的資料。接著，選取網頁左上方的「選股」欄位，並選擇「自訂選股」的選項（見圖 5-7）。

---

* 我都是使用電腦版。

圖 5-7　點選「自訂選股」

　　接下來，我們便可以根據個人的投資目的，選擇自己所要的準則設定投資清單，完成程序後便大功告成。以後想查詢時，系統會直接匯入這些資料，快速篩選出符合標準的公司名單，讓我們不用在茫茫股海中海底撈針。

　　免費帳號提供 5 組設定清單，每組清單可以挑選 15 個選項。我自己是使用免費版本，大家之後可以根據個人是否有取得更多訊息與功能的需求，考慮晉升為付費會員。在點選「選股」欄位和「自訂選股」選項後，便會出現以下的畫面，接著就能開始設定自己的選股清單。我們依序點選左上

方的「選股大師」、「我的選股清單」，再點選「清單 1」
（見圖 5-8）。

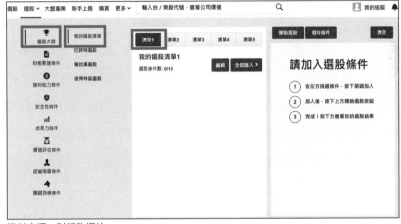

資料來源：財報狗網站

圖 5-8　設定選股清單

　　財報狗網站提供了許多財報準則與公司經營條件供選
擇，所謂青菜蘿蔔各有所好，因為每個人的投資偏好與重視
條件不盡相同，所以便能出現千變萬化的投資清單組合。由
於免費版本只能設定 15 個選項，如何在有限資源下發揮最
大效用，便是一大考驗。

以下分享選股清單的設定步驟和我的準則，有興趣者可以跟著操作練習，熟練後便能自行開發符合個人投資需求的選股清單。

財報數據條件：每股盈餘

每股盈餘就是大家常聽到的 EPS，是 Earning Per Share 的縮寫，代表公司每一股可以賺多少錢。每股盈餘越高時，公司的獲利能力就越好，意味著公司能幫股東賺到越多錢，所以每股盈餘是評估是一家公司獲利水準的重要指標。

我設定的標準是：「近一年數據大於 1」及「近五年平均大於 2」。

既然每股盈餘越高越好，為何我不設定高一點的金額？因為台股裡有一些很不錯的小型、低價股，若設定太高，可能會把它們排除在外。但也不能獲利太低，我認為至少每年的每股盈餘要 1 元以上，如股每年連 1 元的底線都達不到，這樣的經營績效實在不太好。

我另外再設定近五年平均大於 2 元，是因為希望就算是低價股，這些公司的長期獲利能維持在 1～4 元的區間，而且表現相對穩健。當然，以這個為基礎進行篩選，是有機會找到每股盈餘超過 5 元的公司，操作介面如圖 5-9 所示：

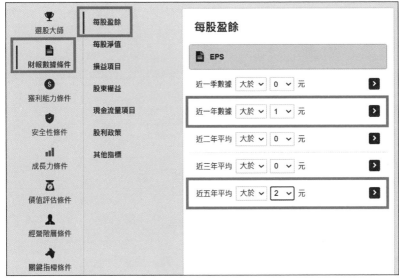

資料來源：財報狗網站

圖 5-9　設定「每股盈餘」的條件

　　設定好「近一年數據大於 1」和「近五年平均大於 2」，
再分別點選其右方的箭頭，便能把這兩項條件納入至右邊的
清冊中，畫面呈現如圖 5-10：

資料來源：財報狗網站

圖 5-10　儲存「每股盈餘」的條件

財報數據條件：現金流量項目

自由現金流，是公司的營業現金流入扣除購買設備、擴廠等現金支出後的剩餘現金（自由現金流＝營業現金流入－投資現金流出）。

公司可以把這些剩下來的現金拿來再投資、清償債務或發放股利給股東，由於公司可以自由運用，故此類資金被稱之為自由現金流。然而，有些公司表面上接獲大訂單、短期營收暴增、EPS 快速成長，但事後卻發生應收帳款收不回來，必須認列應收帳款虧損的狀況。

投資人若能事先發現這家公司事實上一直都沒收到現

金，就能避免掉這類營收造假的地雷股。唯有公司真正收到現金，才能列入營業現金流，所以這項指標也很重要。因此，挑選公司時，一定要選擇現金流量為正的公司，

　　我設定的準則是「近一年數據大於 1」和「近五年平均大於 1」，操作畫面參考如圖 5-11：

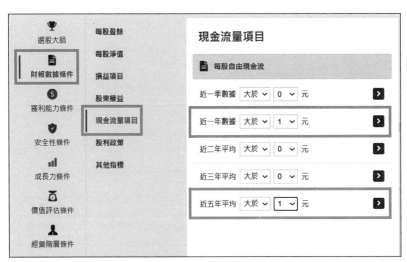

資料來源：財報狗網站

圖 5-11　設定「現金流量項目」

財報數據條件：股利政策

　　買進一家公司股票的投資人稱為股東，公司通常會把去

年度賺到的盈餘發放給股東作為投資回報，其形式可能是現金股利或股票股利。

因為我投資的最終目的，是要建立退休後能夠源不絕自動配發股利給我的被動收入系統，所以公司股利對我而言相當重要。如同前面設定每股盈餘（EPS），因為怕錯失台股裡潛藏的優質小型、低價股，所以不把股利設定的太高。

我的標準是：「近一年數據大於 1」和「近五年平均大於 2」。

雖然我很喜歡有配發股票股利的公司，但這類公司畢竟是少數，所以沒有進行這樣的設定。操作畫面顯示圖 5-12：

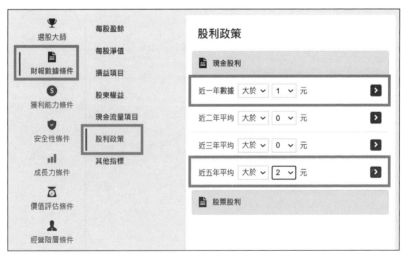

資料來源：財報狗網站

圖 5-12　設定「股利政策」

財報數據條件：其他指標

台灣有不少人懷抱創業當老闆的夢想，然而根據經濟部中小企業處統計，新創公司在成立後，1年內發生倒閉的機會高達九成。所謂創業維艱、守成不易，由於公司上市上櫃後，必須接受更高的查核與檢驗標準，故能促使公司經營層次向上提升。

然而，縱使一些新上市上櫃企業擁有無限的潛能與巨大商機，為了確保資金安全，我還是會選擇成立年限相對悠久、具有歷史營運資料可供參考的企業。

在此原則下，**我設定的標準是：上市櫃時間「大於5年」**，操作畫面如圖 5-13 所示：

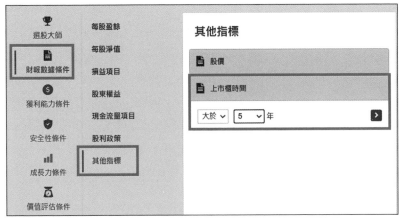

資料來源：財報狗網站

圖 **5-13** 設定「其他指標」

獲利能力條件：ROE/ROA

ROE 就是股東權益報酬率，其計算公式為：ROE ＝稅後純益 ÷ 股東權益。

股東權益為全體股東的價值與資源，而企業運用這些資源產生的效率，則反映在 ROE 上，當 ROE 越高，表示公司為股東賺取的獲利率越高。

EPS 反映出公司賺了多少錢，ROE 則是反映出公司的賺錢效率。

企業若欲維持較高的 ROE，必須擁有長期的競爭優勢，這就是巴菲特經常提及的企業護城河。我希望選定的企業除了近期擁有良好的 ROE，也希望它能維持長期的競爭力，所以便將 ROE 設定為：「**近一年數據大於 15**」和「**近五年平均大於 15**」，操作畫面如圖 5-14 所示：

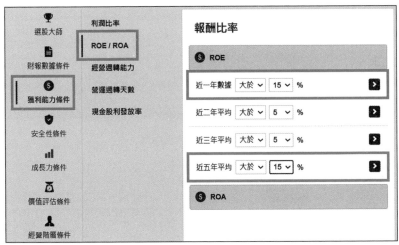

資料來源：財報狗網站

圖 5-14　設定「ROE」

安全性條件：財務結構比率

　　負債比率，是指公司的負債總額與總資產二者間的比率
關係（負債比＝總負債 ÷ 總資產），可以用來衡量一家公
司的資本結構。公司資本主要來自股東或舉債，企業適度舉
債可以發揮財務槓桿效用，擴張資金規模來獲取更多的獲利
機會。然而舉債過高也會增加財務槓桿風險，一旦營運狀況
發生問題時，可能會引發倒閉危機。

　　為了確保公司擁有良好的財務體質，我會過濾掉負債比

率過高風險的地雷股，因此我將負載比率設定為「近一年數據小於 40%」和「近五年平均小於 40%」，操作畫面顯示如圖 5-15：

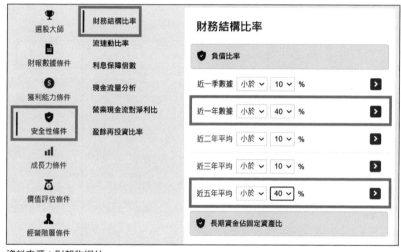

資料來源：財報狗網站

圖 5-15　設定「財務結構比率」

價值評估條件：本益比評價

本益比＝每股市價 ÷ 每股盈餘（EPS），其代表著本金和收益的關係。本益比常被拿來作為估算股價昂貴或便宜的參考指標，當本益比較高時，股價就越貴，潛在報酬就會較

低；相反地，當本益比較低時，股價就比較便宜，就有機會獲得較高的潛在報酬。

因此，當本益比越高時，預期資金回收的速度就越慢；當本益比越低時，預期資金回收的速度就越快。本益比的數值會受到產業特性、公司未來獲利、成長潛力等因素影響，因此究竟本益比要幾倍才算合理，並沒有標準答案，但為了提高獲利能力，也讓股價擁有較大的安全邊際，我傾向於搜尋本益比不要太大的投資標的，因此將本益比設定為「目前小於 14 倍」（我平時是設定 15 倍，但是系統無此選項，所以選 14），操作畫面示範如圖 5-16：

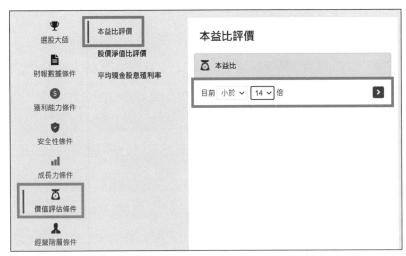

資料來源：財報狗網站

圖 5-16　設定「本益比」

價值評估條件：平均現金股息殖利率

先前，我們把公司的股利政策設定為：「近一年數據大於 1」和「近五年平均大於 2」，期望能篩選出不論在短期或長期都能持續且穩定發放股利的好公司。

然而，買進股利 5 元的公司會優於買進股利 1 元的公司嗎？若以絕對數字來看，股利 5 元的公司確實比較吸引人，可以帶來更多股利收入。但若有兩家銀行在相同的存款條件之下，一家的存款利率是 5%，一家存款利率是 1%，你會把錢存到哪家銀行？

這就點出了絕對數字與相對數字的概念，我們除了要考量股利的絕對數字（金額），也要評估股利與股價之間的相對數字（殖利率）。假設配發 5 元股利公司的股價是 500 元的話，它的殖利率為 5 ÷ 500 = 1%；假設配發 1 元股利公司的股價是 20 元的話，它的殖利率則為 1 ÷ 20 = 5%。當我們進一步把股價也納入到股利政策的分析時，便能將銀行利率 VS 利息的觀點，應用至股票殖利率 VS 股利的投資報酬率分析上。

由於我採取「波段價差」+「股利再投入」雙管齊下的策略，如果買到的股票價格無法在短期內上漲，有可能需要 2 ～ 3 年才能達到預計的波段股價時，這期間就等同把這筆

資金「定存」在銀行領利息。有了這些利息保障，便能讓我有耐心、安心等待價格上漲到預定目標。

此外，由於我賣出波段價差股票時，只會回收成本並留下剩餘的零成本股票，當這些零成本股票有著較高的殖利率，每年將可以再繼續配發優渥的免費股利給我，因而產生錢子再生錢孫的被動收入來源，並讓我這個開心農場的被動收入系統不斷成長茁壯。有鑑於此，**我把現金股息殖利率設定為：「5年平均股息殖利率大於5%」**，操作畫面顯示如圖 5-17：

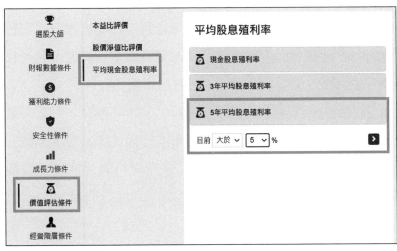

資料來源：財報狗網站

圖 5-17　設定「股息殖利率」

經營階層條件：董監持股比率

董監持股比率的公式為：董監持股比率＝董監事持股股數÷總股數×100％，它可以用來評估經營階層對公司的持股狀況。

根據法規而言，持股比重的高低和公司資本額規模呈現反比關係。

巴菲特曾引用《聖經》：「因為你的財寶在那裡，你的心也在那裡。」他指出，波克夏董事絕大多數將其個人財富的一大部分投資在公司裡，董事和股東坐在同一條船。如果公司經營不善，董事們將會自食惡果。這暗示著董事們為了自己的利益著想，絕對會用心經營企業，好好守護著自己和股東們的財富。當董監事對公司的持股比率越高時，公司經營成效的優劣便會攸關到個人的財富水準。

理論上，董監事對公司的持股比率越高越好，然而，隨著公司資本額的提高，法規所要求的持股比率便逐漸降低。由於公司的規模有大有小，設定過高的比例可能會背離現實，所以我把董監持股比率設定為：「目前大於 10％」，操作畫面顯示如圖 5-18：

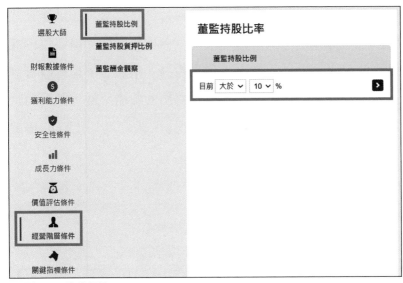

資料來源：財報狗網站

圖 **5-18** 設定「董監持股比率」

經營階層條件：董監持股質押比率

　　董監事把股權拿去質押借錢，雖然看似屬於個人行為，只要比例不高對公司並不會造成影響。質押有可能只是單純的理財需求，只要比例不高股東無須過於擔心。然而當董監事持股比例逐漸減少，且董監事持股質押比例逐漸增加時，一但發生公司營運狀況不佳，而董監事質押無法還款時，其持股將被銀行斷頭賣出。

假設董監事把對公司的出資額透過質押套現，進而造成實質出資額減少，此時公司治理就會出現問題。董監質押比較高的公司，潛在的信用風險也較高，由於不少地雷股都有董監事高質押的現象，為了保護我們的資產，對這類公司最好避而遠之，我把董監持股質押比例設定為：「目前小於10%」，操作畫面顯示如圖 5-19：

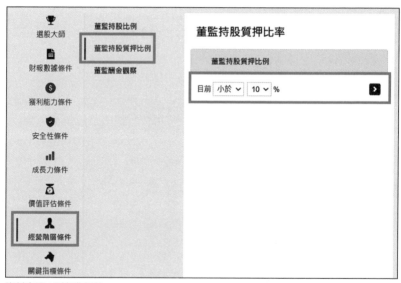

資料來源：財報狗網站

圖 5-19　設定「董監持股質押比率」

　　經過了一連串設定，我們就能把這些選股條件儲存起來。我們把先它安排在清單編號 1，並將名稱取為「練習版本」。畫面如圖 5-20 所示：

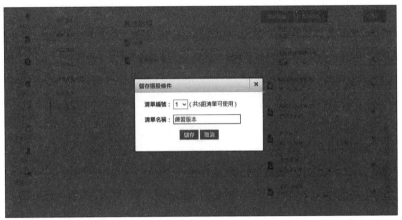

資料來源：財報狗網站

圖 5-20　儲存選股條件

　　接下來頁面裡，「清單 1」下面就會顯示出「練習版本」，只要點選右方的「全部匯入」，預先設定好的內容就會出現在最右邊的欄位。

　　接著，點選「開始選股」後，便會有一個我們設定篩選條件的彙整說明，並指出符合這些條件的公司有多少家。這個些畫面參見下頁圖 5-21、圖 5-22 兩個示範：

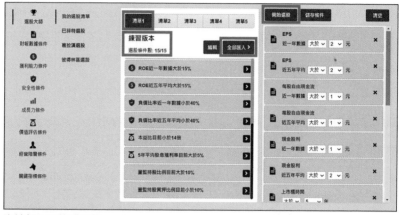

資料來源：財報狗網站

圖 5-21　根據設定的條件開始選股

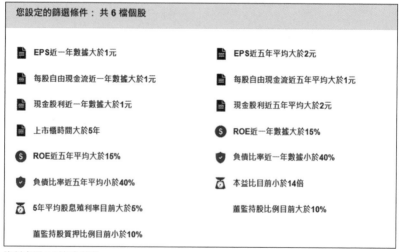

資料來源：財報狗網站

圖 5-22　符合選股條件的數量

在此，以 2021 年 3 月 21 日作為選股的日期，系統根據設定的條件一共篩選 6 檔個股，分別是遠見（3040）、實威（8416）、廣隆（1537）、德律（3030）、伸興（1558）、亞泰（4974），畫面如圖 5-23 所示。

編號	個股代號	最新收盤價(元)	近1年漲跌幅(%)	近3年漲跌幅(%)	近5年漲跌幅(%)	EPS近一年數據(元)	EPS近五年平均(元)	每股自由現金流近一年數據(元)	每股自由現金流近五年平均(元)	現金股利近一年數據(元)	現金股利近五年平均(元)	上市櫃時間	ROE近一年數據(%)	ROE近五年平均(%)	負債比率近一年數據(%)	負債比率近五年平均(%)	本益比目前(倍)	5年平均股息擔利率目前(%)	董監持股比例目前(%)	董監實押比例目前(%)	加入追蹤
1	1558 伸興	162.50	34.3	26.6	7.2	13.76	12.58	7.16	10.35	9.5	9.46	2014-12/736	16.56	36.67	30.37	11.81	5.82	10.95	7.55	+
2	1537 廣隆	149.00	9.7	2.5	8.8	10.75	11.49	14.72	11.96	10	9.7	2002-01/284	24.91	26.73	28.62	13.91	6.51	18.42	7.30	+
3	8416 實威	124.50	14.8	-5.6	15.9	9.95	9.15	10.82	9.05	7	6.7	2012-09/582	26.11	22.37	21.95	12.51	5.38	20.35	0.00	+
4	3040 遠見	50.20	88.2	-14.7	54.9	6.34	4.5	1.5	1.03	5.7	4.64	2002-06/687	17.69	6.86	8.45	7.92	9.24	25.98	0.00	+
5	4974 亞泰	57.50	20.5	16.7	60.1	5.16	4.68	7.56	6.69	3.5	3.11	2011-11/918	15.28	31.03	31.07	11.14	5.41	26.25	0.00	+
6	3030 德律	58.40	24.6	9.3	19.3	4.63	3.49	4.59	3.16	3.3	3.26	2002-10/971	15.49	18.51	16.48	12.63	5.58	18.86	0.00	+

資料來源：財報狗網站

圖 5-23　選股條件列出的個股清單

我們便能暫時將這些標的納入考量，但至於是否要納入口袋名單，還需考量過去的歷史價格區間範圍、股價波動幅度等，以及買進與賣出的時機與價格該如何設定，我將留待後面的章節再予以說明。

財報狗提供了 5 個免費清單給註冊者使用，我們便能根據不同的情境，設定 5 組不同的投資組合清單。

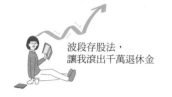

　　2020 年，全球受到新冠肺炎衝擊，企業營運也大受影響，業績與營收紛紛下滑。基於這樣的考量，我把原先的 ROE 由「近一年數據大於 15」降低為「近一年數據大於 10」，但近五年平均則維持不變（大於 15）。

　　此外，許多公司由於營收大幅衰退，導致企業歇業、倒閉的新聞此起彼落。由於營業現金流對負債比率越高越好，這表示公司營業產生的現金流入相對於流動負債越高，故公司會有較好的短期周轉能力。為了避免企業因現金不足以支應流動負債，造成短期周轉能力變差，引發周轉不靈倒閉的風險，我因此設定了「營業現金流對負債比率近一年數據大於 70%」。

　　我撰寫本書的時刻是 2021 年 3 月，在此特別設定近一年的數據，藉以回顧過去一年新冠肺炎期間的營運狀況。設定路徑為「安全性條件」→「現金流量分析」→「營業現金流對負債比率」。

　　由於免費版本只能設定 15 項條件，為了納入這項新條件，所以我將「上市櫃時間大於 5 年」予以刪除。

　　為了進行區隔，我將此組新的選股條件儲存為清單編號 2，並取名為「考慮疫情」。示範畫面參考如圖 5-24、圖 5-25：

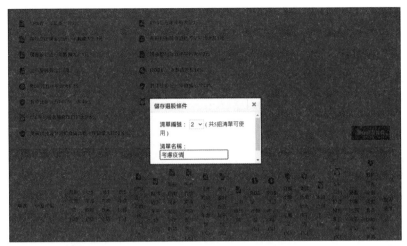

資料來源：財報狗網站

圖 5-24　設定「考慮疫情」的選股清單

資料來源：財報狗網站

圖 5-25　刪除「上市櫃時間大於 5 年」的條件

匯入「考慮疫情」的選股條件之後，總共篩選出 8 檔個股（見圖 5-26），分別是廣隆、實威、康友 -KY（6452）、遠見、亞泰、德律、慶生（6210）、立康（6242）（見圖 5-27）。清單 1「練習版本」和清單 2「考慮疫情」兩者的選股條件僅作了小幅變更，就造成了同一天裡篩選出來的個股略有差異。

即便是前述示範的這些條件，讀者在不同日期以此為基礎進行篩選後，也會發現你的結果不太一樣。

您設定的篩選條件：共 8 檔個股

📄 EPS近一年數據大於1元	📄 EPS近五年平均大於2元
📄 每股自由現金流近一年數據大於1元	📄 每股自由現金流近五年平均大於1元
📄 現金股利近一年數據大於1元	📄 現金股利近五年平均大於2元
Ⓢ ROE近一年數據大於10%	Ⓢ ROE近五年平均大於15%
🛡 負債比率近一年數據小於40%	🛡 負債比率近五年平均小於40%
⚖ 本益比目前小於14倍	⚖ 5年平均股息殖利率目前大於5%
董監持股比例目前大於10%	董監持股質押比例目前小於10%
🛡 營業現金流對流動負債比近一年數據大於60%	

資料來源：財報狗網站

圖 5-26　符合「考慮疫情」選股條件的數量

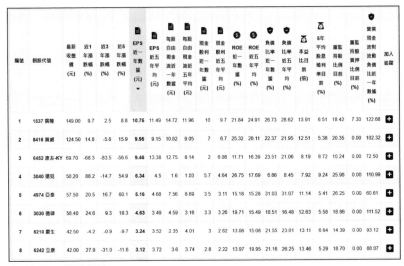

編號	個股代號	最新收盤價(元)	近1年漲跌幅(%)	近3年漲跌幅(%)	近5年漲跌幅(%)	EPS近一年數據(元) ▼	EPS近五年平均(元)	每股自由現金流近一年數據(元)	每股自由現金流近五年平均(元)	現金股利近一年數據(元)	現金股利近五年平均(元)	ROE近一年數據(%)	ROE近五年平均(%)	負債比率近一年數據(%)	負債比率近五年平均(%)	本益比目前(倍)	5年平均股息殖利率目前(%)	董監持股比例目前(%)	董監持股質押比例目前(%)	營業現金流對流動負債比近一年數據(%)	加入追蹤
1	1537 廣隆	149.00	9.7	2.5	8.8	10.75	11.49	14.72	11.96	10	9.7	21.84	24.91	26.73	28.62	13.91	6.51	18.42	7.30	122.68	+
2	8416 實威	124.50	14.8	-5.6	15.9	9.95	9.15	10.82	9.05	7	6.7	25.32	26.11	22.37	21.95	12.51	5.38	20.35	0.00	102.32	+
3	6452 康友-KY	69.70	-68.3	-83.5	-56.6	9.46	13.38	12.75	8.14	2	6.08	11.71	16.39	23.51	21.06	8.19	8.72	10.24	0.00	72.50	+
4	3040 遠見	50.20	88.2	-14.7	54.9	6.34	1.6	1.6	1.03	5.7	4.64	26.75	17.69	6.86	8.45	7.92	9.24	25.98	0.00	110.99	+
5	4974 亞泰	57.50	20.5	16.7	60.1	5.16	4.68	7.56	6.69	3.5	3.11	15.18	15.28	31.03	31.07	11.14	5.41	26.25	0.00	60.61	+
6	3030 德律	58.40	24.6	9.3	19.3	4.63	3.49	4.59	3.16	3.3	3.26	19.71	15.49	18.51	16.48	12.63	5.58	18.86	0.00	111.52	+
7	6210 慶生	42.50	-4.2	-0.9	-9.7	3.24	3.52	2.35	4.01		2.82	13.06	15.08	21.55	23.01	13.11	6.64	14.39	0.00	93.12	+
8	6242 立康	42.00	27.9	-31.0	-11.6	3.12	3.72	3.6	3.74	2.8	2.22	13.97	19.95	21.16	26.25	13.46	5.29	18.70	0.00	88.07	+

資料來源：財報狗網站

圖 5-27　列出的個股清單

　　我所示範的這些準則，基本上偏於保守，可能不太適合追求積極成長、風險承受度較高的讀者。其實裡面還有很多值得參考的指標，每個人都可以根據個人對企業的財報數據、獲利能力、安全性條件、成長能力等喜好，設定適合自己的標準，進而篩選出更符合個人理想的企業作為投資的參考名單。

　　若是覺得免費軟體資訊不敷使用，也能自行斟酌是否付費取得進階功能。由於指標裡的時間區隔至少是以季為單位，所以大致上每個月查詢 1 次最新資訊即可。

值得一提的是，我在 2017 年曾利用財報狗搜尋到了聚鼎（6224）並以 52 元買了 3 張，漲三成後賣出 *。

2019 年，聚鼎價格再度回跌，又以 54 元買了 3 張，漲了三成再賣出後，它的股價這次就繼續漲上去、再也沒有回頭了。我在寫書的此時（110 年 3 月），它的價格已翻漲一倍到 120 元，但我也不會覺得可惜，就是祝福它，並覺得自己真有眼光。

舉出這個例子，就是想告訴大家，財報狗這個軟體滿實用有趣的，大家有空不妨針對不同指標進行練習，有朝一日也能成為選股大師。

利用 Yahoo 股市 APP 尋找投資標的

我習慣使用 Yahoo 奇摩網站的股市搜尋資訊，後來它推出手機版 APP，我便下載安裝。兩者功能雖略有差異，但我在電腦版設定的「投資組合」和手機版 APP 的「自選」兩邊內容是一樣的，且會同步更新，所以非常方便。有時候，我也會打開手機與電腦，同時進行分析比較。

---

* 因為只有 3 張，所以無法留下零成本股票。

圖 5-28　Yahoo 奇摩股市網頁版

圖 5-29　Yahoo 奇摩股市 APP iOS 版

圖 5-30　Yahoo 奇摩股市 APP Android 版

　　我挑選投資標的時，首要關注 EPS 及股利政策，唯有 EPS 高、配發股利豐厚的公司，才會進入到下一關繼續分析。Yahoo 奇摩股市 APP 有一個「Y 選股大師」的功能，裡面提供很多選股法，但我只使用其中三種，分別是「財務面」底下的「EPS 排行」，以及「基本面」底下的「現金股

利選股」與「高殖利率」這三項 *。

　　打開 APP 的首頁，右下角有一個選項「更多」，點選進去後，會出現「Y 選股大師」，然後下個頁面的上方會出現四大功能：「多方」、「空方」、「財務面」、「基本面」。我們先點選「財務面」底下的「EPS 排行」（見圖 5-31）。

資料來源：Yahoo 奇摩股市 APP

圖 5-31　點選「EPS 排行」

---

* Yahoo 奇摩股市 APP 若更新版本，可能會造成畫面／功能略有異動，請讀者自行搜尋一下，便能找到類似介面。

「EPS 排行」選股法

接下來，會跳出 EPS 由高至低往下的前 100 名公司，我的篩選步驟如下：

排除股價超過 300 元公司

EPS 就是每股盈餘，是指公司每股能賺多少錢，EPS 越高，公司獲利能力就越好。基本上，股價超過 300 元的我就直接跳過，雖然這類公司也許有無窮的發展潛力和獲利能力，但股價越高其震盪波動幅度就越大，容易讓人患得患失、心神不寧。

我想過著每天心情輕鬆愉快、能安心吃飯睡覺的正常生活，因此會以安全穩健為優先考量，獲利能力具一定程度以上即可，不需要有朝一日會成為獲利大爆發的黑馬。如同巴菲特說的，一家公司若必須緊緊跟隨著日新月異的科技發展，那麼它的長期經濟體質就無法被可靠的評估出來。

30 年前，我們有辦法預見電視或電腦產業的發展嗎？當然沒辦法。既然如此，為何要認為自己現在就可以預見其他快速演變產業的前景呢？因此他會繼續堅持研究簡單的案子。

我以雅虎奇摩股市 APP 在 2021 年 3 月 26 日的 EPS 排

行榜資料為例，擷取了前 14 名公司的 2 頁畫面 *。此外，為了列舉更多不同類型的範例，我額外再擷取、合併一組資料，所以總共有 3 個畫面、21 家公司（見圖 5-32）。這些企業中有 8 家公司股價超過 300 元，分別是大立光（3008）、緯穎（6669）、群聯（8299）、華碩（2357）、鈊象（3293）、新普（6121）、嘉澤（3533）、玉晶光（3406），所以不予以考慮。

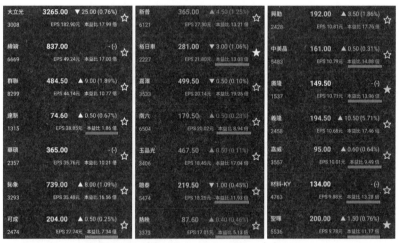

資料來源：Yahoo 奇摩股市 APP

圖 5-32　EPS 排行擷取畫面

---

* 實際顯示會因為讀者的手機尺寸、字體大小、版面設定等因素而略有差異，有些人可能一頁只有 5 家公司，有些人甚至可多達 10 家。

估算股價本益比小於 15 的公司

考慮公司的獲利能力後，再來還必須用合理的價格買進，才能提高報酬率。本益比可用來衡量股價相對於 EPS 的高低水準，其公式為「本益比＝月均價 ÷ 近 4 季 EPS 總和」。

本益比越高時，相對的股價就越貴，可能的潛在報酬率就越低；本益比越低時，相對的股價就越低，可能的潛在報酬率就越高。然而，我們也不能完全以本益比的絕對數值高低為依據，可能還需要考慮產業特性、未來成長等因素，因此我以本益比 15 倍當作估算合理股價的上限。

APP 裡還有一個「低本益比」的功能，由於我們以此方法進行篩選時，這些潛在標的已被涵蓋進來，所以就無需再使用此項功能。

本益比的數值顯示在 EPS 右方，剩下的 13 家公司中，興勤（2428）和義隆（2458）的本益比大於 15，所以將其排除，我在最後剩下 11 家公司的本益比下方，畫上有色底線做註記，以方便讀者檢視。

查看月線歷史價格趨勢

接下來可以快速檢視公司的月線歷史價格走勢。以可成

（2474）為例，路徑如下：先點選「可成」，進入可成的畫面，點選右上方的「技術分析」，然後再點選「月」，接下來就會顯示月線的歷史價格（見圖 5-33）。

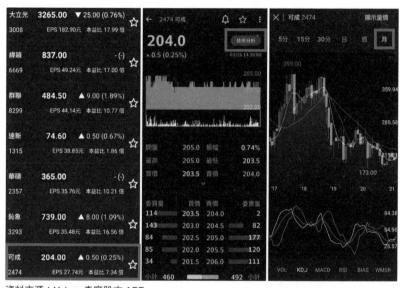

資料來源：Yahoo 奇摩股市 APP

圖 5-33　查看「技術分析」月線歷史價格

我將這 11 家公司的月線歷史價格走勢歸納成四種型態：

1. 由高轉低

2. 突然暴漲

3. 一去不復返

4. 週期循環模式

一開始所示範的可成，在 2017 年～ 2019 年的價格區間為三、四百元，但是到了 2019 年～ 2021 年，價格區間跌落至 200 元左右，這樣的價格走勢，會讓我有所疑慮，所以不會將其納入考量。

2020 年，爆發新冠肺炎疫情，讓全球經濟大受影響，然而，卻也有產業因此受惠，業績大爆發而使得股價水漲船高，我們可以發現南六（6504）、聰泰（5474）、熱映（3373）便是這樣的例子。

現在大家很流行「撿到槍」*這個用語，因為新冠肺炎疫情而撿到槍的公司，在未來疫情受到控制後，市場需求應該會回歸正常水準，股價也將回歸過去的歷史水準。由這三家公司的月線圖可以發現，散戶經常會因為一時的題材而去瘋狂追逐買進，最後股價下跌被套牢而後悔莫及。

南六由 119 元上漲至 334.5 元，然後腰斬至 155.43 元；聰泰由 40.3 元暴漲至 376.00 元，然後暴跌至 207.52 元；熱映則是由 14.95 元一路狂飆至 157.50 元，然後再腰斬至 85.96 元。

---

* 意指某人突然講話變很嗆、行為變得很有氣勢。

　　未來如果又出現什麼熱門題材，或是別人告訴你主力即將要做多哪家公司時，也許可以冷靜想想，你要拿辛苦賺來的積蓄去跟它「賭一把」嗎？賭贏了一夕致富，賭輸了卻可能血本無歸。

　　我很愛惜我的錢財，我會將它們投資在自己開發出來的好公司。因此，月線歷史價格趨勢呈現出「突然暴漲」型態的公司，因為我不知道它未來會何去何從，小心駛得萬年船，故不會將其納入參考名單內。

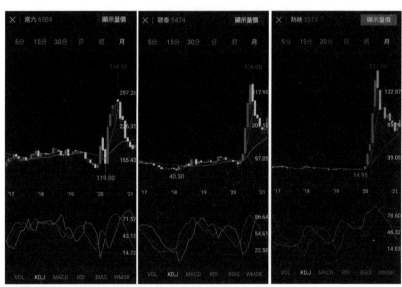

資料來源：Yahoo 奇摩股市 APP

圖 5-34　南六（6504）、聰泰（5474）、熱映（3373）的走勢圖

　　不同於剛前述 2020 年在新冠肺炎撿到槍、業績股價暴漲的公司，有一些公司是這幾年來因為資訊科技或產品應用等各種原因而持續成長，股價因此一路漲上去。達新（1315）、中美晶（5483）、嘉威（3557）便屬於這樣的例子（見圖 5-35）。這類股票就是坊間大家常聽到的，它在「起漲點」要把握機會趕快買，或是它已經突破上次的高點了、「上漲無壓力」，但是誰知道呢？

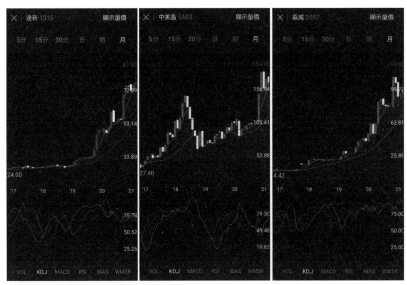

資料來源：Yahoo 奇摩股市 APP

圖 5-35　達斯（1315）、中美晶（5483）、嘉成（3557）的走勢圖

　　巴菲特曾說，作為「公民」，他很樂見新觀念、新產品、新技術的發展而提升了大眾的生活水準。但若作為「投資人」，他對變動產業的態度，就如同他對太空探險的看法，他會為此鼓掌，但卻不想親身參與。這類公司未來的前景也許持續可期，股價也可能再也回不來了、一路漲上去，但既然它的過去我來不及參與，它的未來也不會有我，我會祝它幸福。因此，**月線呈現「一去不復返」型態的公司，我只敢遠觀、不敢褻玩焉，會跟它說珍重再見。**

　　欣賞完前面三種歷史價格走勢型態，接下來想請讀者試著看看裕日車（2227）、廣隆（1537）、材料-KY（4763）、聖暉（5536）這四家公司的歷史價格走勢（見圖5-36），你能描繪出它們有什麼共同特性嗎？

　　它們似乎都在某個價格區間裡，呈現出週期循環的來回模式，所以只要我們耐心等到 2 ～ 3 年週期的相對價格歷史低點來臨時，便能放心買進，過程中還可以領到豐厚的股利作為保障，然後再耐心等到股價上漲至比歷史相對高點稍低的價格時，便不貪心的賣出，如此一來，就可以完成「波段價差」＋「股利再投入」雙管齊下的投資目標。

　　最後這一種「週期循環模式」的公司，是我最喜歡的類型，所以我便會先打上星星，進入到最後一輪進行評估＊。然

＊ 前面本益比低於 15 的公司有畫上有色底線，但這幾家公司另外加註星星。

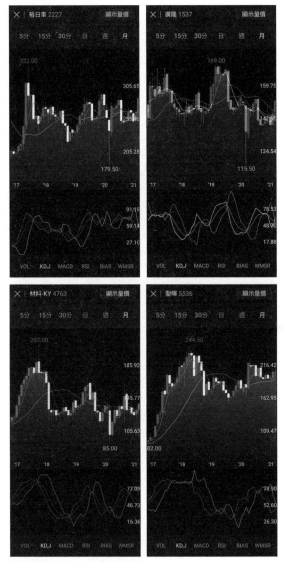

資料來源：Yahoo 奇摩股市 APP

圖 5-36　裕日車（2227）、廣隆（1537）、材料 -KY（4763）、
　　　　聖暉（5536）的走勢圖

而，要補充說明的是，KY 公司一般是指在開曼群島（The Cayman Islands）註冊的控股公司，使用境外公司名義回台灣掛牌上市。這類公司的財報透明度較低，投資風險相對比較大，所以我會盡量避免，因此材料 -KY 不列入考慮，故沒有顯示星星標示。

所謂標註星星，就是在 APP 裡面把有興趣的股票，根據其特質與目的，分門別類到預先設定好的各種組合清單，方便之後能快速查閱個股資訊及進行管理。我們現在就來練習如何將日裕車、廣隆、聖暉設定群組。

還記得前面我們曾利用財報狗網站，設定了 2 組清單「練習版本」和「考慮疫情」，它們分別篩選出 6 檔和 8 檔個股嗎？

康友 -KY 是屬於我們之前提到的境外公司，所以不予考慮、直接刪除。扣除掉重複的公司後，再利用雅虎股市 APP 查看每家公司的月線歷史價格走勢，發現廣隆（已有了）、德律、伸興、亞泰、慶生、立康這幾間公司的月線股價也是屬於「週期循環模式」，所以也要將它們納入考量。

由於這 8 家公司已經通過初步檢定，接下來還需要審核其他經營狀況與財報項目，所以我將這個組合取名為「待評估」。當我們未來發現其他值得關注的潛力公司，就可以先將它加入這個組合，然後再利用後面將繼續介紹的企業評估方法，來做進一步的篩選。

　　我用箭頭方式依序說明設定的步驟，過程中需要點選或輸入資料的部分，我已用有色圖框做標記，方便大家辨識。有興趣可以一邊練習一邊參考我所附的截圖畫面，若發現版面略有不同，只要稍微嘗試、摸索一下，應該可以找到相同畫面（見圖 5-37）。

　　在 APP 首頁底端點選「自選」→點選右上角一個橫線＋的符號→在管理群組底下點選「＋建立群組」→將群組名稱設定為「待評估」、群組類型設定為「一般自選股」，因為要進行示範說明，所以我開啟了「設定為預設群組」，全部完成後，點右上角的「建立」，最後再點選左上角「×建立群組」來退出畫面。

資料來源：Yahoo 奇摩股市 APP

圖 5-37　設定「待評估」股票的步驟

在「待評估」底下，點選「新增自選股」→為群組建立個股，在左上方輸入 2227，下方出現「裕日車」選項後，點選右邊的星星符號，完成設定後，點選右上角「×」返回。

重複上述步驟，依序將廣隆、聖暉、實威、德律、伸興、亞泰、慶生、立康全加入至「待評估」群組。

點選 APP 最底層的「自選」後，便能看到「待評估」群組出現在上層最左邊的第一欄位，並在其下方顯示出所設定的個股清單。

當大家越來越熟練，且不斷開發出更多投資標的後，便能根據個人需求設定更多群組，更有效率進行投資管理，例如在「待評估」群組右方，便有我自行設定的其他群組。

不論是用 Yahoo 股市 APP 的 EPS 或財報狗設定的標準，篩選出來的個股基本上都具備一定水準，只要再通過月線走勢判斷後，便能被打上星星，納入到「待評估」群組裡。

然而，大家還記得嗎，之前我還介紹可以透過閱讀報章雜誌、觀察生活環境來尋找投資標的。當我們發現到有趣的公司後，要如何判斷它是否值得關注呢？

基本上，我會利用 Yahoo 股市 APP 進行迅速掃描，只要通過一些簡單的標準，就可以幫它打上星星。我在前面曾列舉亞馬遜的無人倉儲影片及 MOMO 購物自動化物流的影片，因而搜尋到了自動化倉儲設備大廠盟立，接下來將介紹

我快速評估的步驟。

我同樣以箭頭方式，依序說明檢驗的流程，並用有色圖框做標記，以使大家能輕易的觀察。

我們先在 APP 裡搜尋盟立，並點選右上方直列的「3 個黑點點」→點選「公司資本資料」、確認公司概況、再點回「3 個黑點點」→點選「股利政策」，確認股利良好後，再點選左上方向左箭頭「←」返回盟立主畫面→點選「技術分析」，點選右上方「月」查看月線走勢，點選右上角「×」返回盟立主畫面→點選上方空的星星符號，勾選「待評估」，加入此投資組合（見圖 5-38）。

經過這樣的快速瀏覽步驟，我們大致上發現盟立營運正常，股利不錯，歷史價格呈現「週期循環模式」，公司整體而言符合我偏好的型態，所以可以打上星星。

只要學會這些快速評估方法，以後便能在日常生活中不斷探索各種投資題材，藉由簡單步驟，就有辦法把茫茫股海中的個股去蕪存菁，彈指間就可以不費吹灰之力，讓自己的選股功力大幅躍進。

很多人常好奇為什麼我可以挖掘出那麼多隱形冠軍、優質的冷門公司，我現在把這些方法全部公開、與你分享，希望你能脫離被市場訊息、小道消息給坑殺的散戶宿命，建立自己專屬的財富程式。

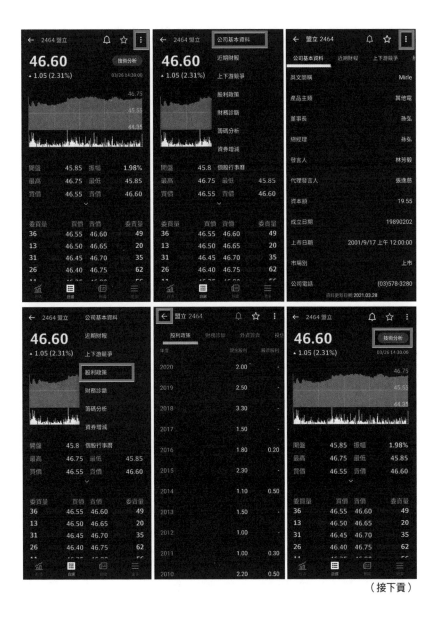

（接下頁）

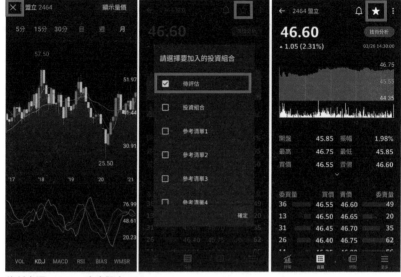

資料來源：Yahoo 奇摩股市 APP

圖 5-38　快速檢驗股票的步驟

「現金股利」選股法

前面我們考慮了公司 EPS（每股盈餘）的表現情形，然而，賺錢的公司並不一定會大方的把獲利回饋給股東。這就如同很多上班族的心聲，幫老闆做牛做馬、為公司賺進大把鈔票，但老闆卻很小氣，既不加薪、也捨不得發放獎金慰勞員工。因此，除了考慮 EPS，如果能找到高現金股利的公司，將是買進這家公司股票最實質的回報。

　　有鑑於此，我們可以利用 APP 快速尋找出現金股利較高的公司，操作步驟如圖 5-39：

　　點選 Yahoo 股市 APP 首頁最底層右邊的「更多」→選擇「Y 選股大師」→選擇右上角的「基本面」，然後再選擇下層的「現金股利選股」，接著便會出現個股的排序清單。

　　這裡以 2021 年 3 月 26 日的資料為例，第一順位的是聲寶（1604），接下來沿用之前的快速篩選法。首先點選「聲寶」→點選右上方直列的「3 個黑點點」，接著點選「股利政策」，發現不錯後→返回聲寶首頁，再點選「技術分析」→點選「技術分析」，點選右上方「月」查看月線走勢。

　　聲寶各方面都不錯，但股價已經「一去不復返」，所以只好放棄。如同前文，若有股價超過 300 元，就先跳過。然後再以這個方法，評估其他個股，若有值得列入考慮的，就標註星星。

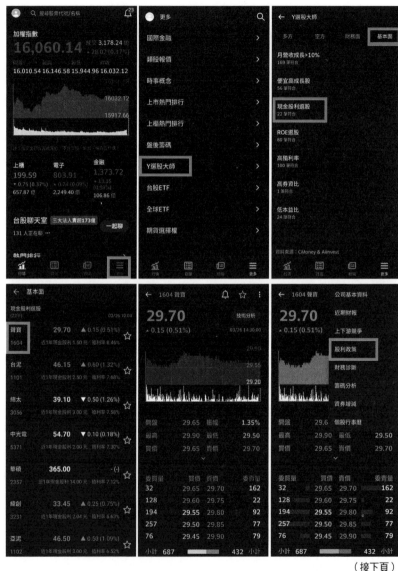

（接下頁）

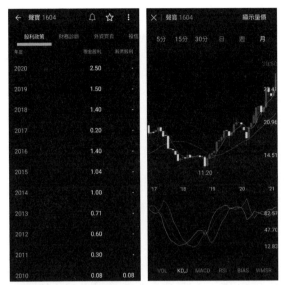

資料來源：Yahoo 奇摩股市 APP

圖 5-39 「現金股利選股」的步驟

「高殖利率」選股法

最後一個使用的 Yahoo 股市 APP 功能，是藉由殖利率來選股。殖利率就如同銀行的公告存款利率，在相同條件下，民眾會把錢存到利率比較高的銀行，因為這樣才能領到比較多利息。

我們除了考慮 EPS、股利的絕對性數據的大小，也應評估殖利率展現出來的相對性數值的大小。APP 操作步驟如圖

5-40：

　　點選 Yahoo 股市 APP 首頁最底層右邊的「更多」，選擇「Y 選股大師」，選擇右上角的「基本面」，然後再選擇下層的「高殖利率」，接著會出現個股的排序清單。

　　以 2021 年 3 月 26 日的資料為例，首頁出現的 7 檔個股，裡面有 5 檔個股已經順利通過先前的篩選步驟，所以直接出現星星符號。之後其他個股的評估方式，與前面「現金股利選股」示範的聲寶程序雷同，所以不再贅述。

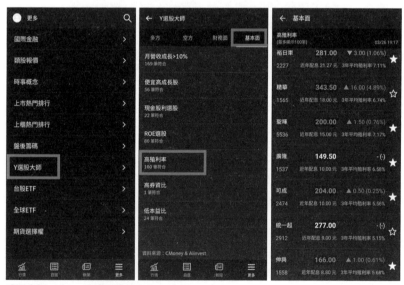

資料來源：Yahoo 奇摩股市 APP

圖 5-40　「高殖利率」的選股步驟

　　行文至此，讀者可能會覺得我見錢眼開，特別看重企業的獲利能力、股利政策，其實我在前面已經說過，這樣的觀念啟發自《富爸爸、窮爸爸》作者羅伯特‧清崎。

　　在此重複說明一次，羅伯特‧清崎說，富人買進資產，窮人買進負債，而中產階級則是買進自以為是資產的負債。所謂的資產，是在買進後，會不斷產生現金流至你口袋的東西；所謂的負債，則是在買進後，會不斷把錢從你口袋裡掏走的東西。

　　我把股票當成一項資產，所以最基本的條件便是它必須不斷產生現金流，也就是配發股利給我。

　　而打著高本夢比、股價形同天價，但股利卻少得可憐的公司，對我而言就形同負債，這就是我對它們敬謝不敏的原因。

第 **6** 章

股市開心農場的
品種採購準則

不論是蔬菜水果或雞鴨魚鵝豬牛羊等，開心農場裡栽種與養殖的農作物與家禽，不僅是要給自己吃，而且多餘部分還要拿去市場販售。

我希望種植的果樹能果實累累且汁多味美；也希望養殖的家禽身強體壯，能繁衍許多蛋、雛豬、雛牛、雛羊。所以採購、引進前一定要精挑細選、仔細評估，如此才能買到品質精良的品種。

想在股市裡擁有良好投資成果，首要目標就是選擇優秀的投資標的。

巴菲特說他尋尋覓覓的理想投資標的，是業務不難了解、經濟體質優異，且歷久彌新，並由能幹且以股東利益為本的經理人所管理的大公司。這種尋找超級巨星的投資方法，是能讓他們真正成功的唯一機會。

但為了確保能獲得令人滿意的投資績效，還必須以合理的價格買進。

奠基於巴菲特的原則下，我把企業的挑選準則設定為：

1. 體質良好

2. 有發展前景

3. 正派經營

4. 獲利穩健

5. 投資時機：價格來到 2 ～ 3 年循環週期的歷史相對低點時買進，並於歷史相對高點時賣出

我將在這個章節說明自己如何利用前四項準則評估個股，第五項進場時機則留待後面討論。

有時，我會利用 Yahoo 奇摩股市 APP 把在生活周遭發現的有趣的投資標或 Y 選股大師裡找到的個股，以前文介紹的方法快速篩選後，儲存標註，然而，事後還是需要找時間分析公司的整體狀況，判斷是否能將它從「待評估」群組移轉至「參考清單」群組。雅虎股市 APP 有一個好處是，我們所設定的投資組合資料會同步呈現在 Yahoo 股市的電腦版網頁，方便進一步研究個股資訊。

藉由 Yahoo 奇摩股市 APP 或財報狗篩選出來的個股，由於已經通過一些標準，特別是財報狗有 15 項準則，所以這些個股在本質上都還算不錯，但還是有待進行檢驗。然而，我們自行發掘的潛力股，更是需要仔細分析。由於盟立是屬於自行探勘出來的個股，接下來我就用它作為例子，示範說明怎麼進行。

股市千變萬化，我在 2021 年 3 月 28 日以雅虎股市 APP 擷取盟立的畫面時，股價為 46.6 元，但當今 2021 年 3 月 31 日繼續撰寫本書時，價格已不相同，由於資料無法復原存

取，所以顯示出的畫面不一樣，敬請讀者予以諒解，當然讀者在不同時刻練習時實際看到的數值也有差異。

體質良好

打開 Yahoo 股市電腦版網頁後，我們可以在「投資組合」下方，看到之前已經設定好的「待評估」群組，所有已加入的個股會按順序顯示出來，接著點選盟立（見圖 6-1）。

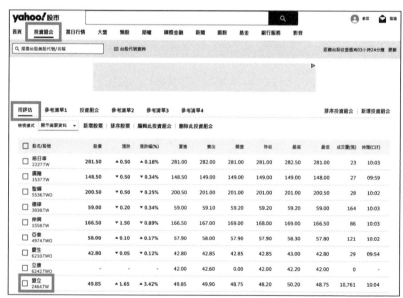

資料來源：Yahoo 股市

圖 6-1 Yahoo 股市的頁面

　　接下來，畫面就會顯示盟立的當日行情（見圖 6-2），
繼續點選「基本」，就會出現公司基本資料（見圖 6-3）。
我們約略看一下，董事長是孫弘，資本額 19.55 億元，2019
年營收比重方面資訊產品系統及產業控制器 69.20％、物流
系統 30.80％。

　　接著，我們再點選公司網址，看看相關的內容。盟立成
立於 1989 年，為國內自動化工程服務業之大廠，產品與服
務相當多元，並且有很多的獎項與認證。初步看起來很不
錯，值得進一步觀察。

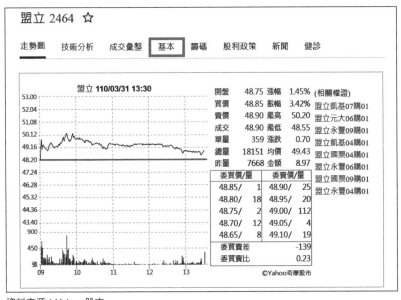

資料來源：Yahoo 股市

圖 6-2　盟立（2464）的當日走勢圖

2464盟立 走勢圖 技術分析 成交彙整 基本 籌碼 股利政策 新聞 健診		

公司資料　營收盈餘　申報轉讓

公司資料			
基本資料		股東會及 109年配股	
產業類別	其他電子	現金股利	2.00元
成立時間	78/02/02	股票股利	-
上市(櫃)時間	90/09/17	盈餘配股	-
董事長	孫弘	公積配股	-
總經理	孫弘	股東會日期	110/06/11
發言人	林芳毅		
股本(詳細說明)	19.55億		
股務代理	中信託02-66365566		
公司電話	03-5783280		
營收比重	資訊產品系統及產業控制器69.20%、物流系統30.80% (2019年)		
網　址	http://www.mirle.com.tw		
工　廠	新竹、台南、大陸上海、昆山		

獲利能力 (109第4季)		最新四季每股盈餘		最近四年每股盈餘	
營業毛利率	20.97%	109第4季	0.53元	108年	3.49元
營業利益率	7.75%	109第3季	0.66元	107年	4.88元
稅前淨利率	5.27%	109第2季	0.71元	106年	2.15元
資產報酬率	0.97%	109第1季	0.72元	105年	2.55元
股東權益報酬率	2.58%	每股淨值:	20.96元		

資料來源：Yahoo 股市

圖 6-3　盟立（2464）的基本資料

有發展前景

我們再來看看公司目前的產品與服務範疇，包含 FPD 自動化傳送設備、半導體自動化解決方案、機器人應用系統、資訊與智能、工業用可編程控制器、物流中心、3D 曲面玻璃面板成型機。雖然我不是資訊與理工背景，但光看到這些技術，就覺得實在太有未來的發展前景。

由於當時我是由自動物流倉儲系統的角度找到盟立，所以再進一步點選物流中心的介紹，它的產業應用層面相當廣泛，而且倉儲物流還結合了現代最夯的 AI 科技，這些都足以說明盟立的未來發展可期。

補充說明一下，當時盟立的官網有顯示他們公司合作廠商的名單，國內許多知名大廠如台積電、義美食品、愛之味等都是客戶。當我看到台積電也名列其中，便信心大增，有台積電認證通過的公司，絕對是最佳的投資保證，可惜寫這本書時，網站上東翻西找都找不到了，所以無法把這些資訊和讀者分享。

後來我買進盟立之後，2020 年 7 月盟立接獲台積電全球首創「晶圓倉儲自動化搬運系統」訂單，並陸續為電商 PChome 建置穿梭車式密集倉儲系統，以及協助裕利醫藥引進流程機器人進行數位轉型。看到這些新聞報導時，都加深

我對盟立的信心。

正派經營

確認過公司體質不錯，未來也有發展潛力後，再來還需要評估經營團隊的能力與素質。就如同古代要嫁娶前，都會請媒人去打聽對方的人品與家庭背景，以免所託（娶）非人。台灣有不少家族企業因為兄弟鬩牆或房系派別鬥爭，上演繼承權與經營權爭奪戰，導致公司一落千丈。

另外，也有高層管理者因桃色新聞躍上版面，或是掏空公司而讓投資者血本無歸的案件，這也就是為何巴菲特很重視管理者的品格，並一再強調經營團隊素質的重要性。若能及早發現管理團隊異常的企業，就能事先避開這類公司，降低投資風險。

我們可以從盟立官網看到，董事長兼總裁孫洪先生的經歷是工研院機械所副所長，副總裁林世東先生的經歷是工研院機械所助理工程師，智能物流事業群總經理屈志強先生的經歷是工研院機械所副研究員，自動化設備事業群總經理朱高瑞先生的經歷是工研院機械所研究員，以及技術副總蔡宗憲先生的經歷是工研院機械所課長。再經細查後發現，原來

盟立是由孫洪先生帶領工研院機械所重要成員所創立的。

此外，董事長孫弘先生更於 2016 年獲頒為工研院院士，而在我買進盟立後，他更於 2020 年獲頒「安永企業家獎」年度大獎，以上資訊足以證明盟立的經營團隊陣容堅強、值得信賴。

巴菲特認為現今企業的股權過度分散，因此讓企業不太穩定。他為自己設定了持股限制，就是希望能讓公司維持一定的安定性。要找到股權如同波克夏公司這麼高度集中的企業當然實屬不易，但至少我們可以藉由觀察股東持股比例及轉讓狀況窺知一二。為了獲得額外訊息，我還會使用「Goodinfo! 台灣股市資訊網」（見圖 6-4）補充更多資料，有興趣的讀者也能自行參考。

圖 6-4　Goodinfo! 台灣股市資訊網

我們點選該網站右邊的「董監持股」後，可發現盟立近年來董監持股比例大致維持在 13.5%，質押比例低於 5%

（見圖6-5）。另外再點選「申報轉讓」後（見圖6-6），也能發現，自2007年以來，所有申報轉讓不是贈與就是信託，而不是一般交易，並未發生異常轉讓的情形，意味著董監事對自己的公司很有信心。

綜觀以上佐證資料，我們可以判斷盟立通過「正派經營」這一關的檢驗。董監持股與申報轉讓的細節礙於篇幅，所以只列出部分內容，讀者可自行檢視全文。

| 月別 | 當月股價 | | | 發行張數(萬張) | 非獨立董監持股 | | | | | 獨立董監持股 | | | | | 全體董監持股 | | | | | 外資持股(%) |
	當月收盤	漲跌(元)	漲跌(%)		持股張數	持股(%)	持股增減	質押張數	質押(%)	持股張數	持股(%)	持股增減	質押張數	質押(%)	持股張數	持股(%)	持股增減	質押張數	質押(%)	
2021/03	48.9	+4.05	+9	19.55	-	-	-	-	-	-	-	-	-	-	-	-	-	-	-	3.9
2021/02	44.85	+3.7	+9	19.55	26,368	13.5	0	500	1.9	64	0	0	0	0	26,431	13.5	0	500	1.9	4.8
2021/01	41.15	-2.85	-6.5	19.55	26,368	13.5	0	500	1.9	64	0	0	0	0	26,431	13.5	0	500	1.9	4
2020/12	44	+0.85	+2	19.55	26,368	13.5	0	0	0	64	0	0	0	0	26,431	13.5	0	0	0	4.5
2020/11	43.15	+3.3	+8.3	19.55	26,368	13.5	0	0	0	64	0	0	0	0	26,431	13.5	0	0	0	5.3
2020/10	39.85	-1.25	-3	19.55	26,368	13.5	0	0	0	64	0	0	0	0	26,431	13.5	0	0	0	5
2020/09	41.1	-5.1	-11	19.55	26,368	13.5	0	0	0	64	0	0	0	0	26,431	13.5	0	0	0	5.1
2020/08	46.2	+1.3	+2.9	19.55	26,368	13.5	0	0	0	64	0	0	0	0	26,431	13.5	0	0	0	5.5
2020/07	44.9	+6	+15.4	19.55	26,368	13.5	0	0	0	64	0	0	0	0	26,431	13.5	0	0	0	6.1
2020/06	38.9	+1.8	+4.9	19.55	26,368	13.5	0	0	0	64	0	0	0	0	26,431	13.5	0	0	0	6.5
2020/05	37.1	+3.55	+10.6	19.55	26,368	13.5	0	0	0	64	0	0	0	0	26,431	13.5	0	0	0	7.1
2020/04	33.55	+3.15	+10.4	19.55	26,368	13.5	0	0	0	64	0	0	0	0	26,431	13.5	0	0	0	7.8
2020/03	30.4	-4.9	-13.9	19.55	26,368	13.5	0	1,110	4.2	64	0	0	0	0	26,431	13.5	0	1,110	4.2	7.9
2020/02	35.3	-1.35	-3.7	19.55	26,368	13.5	0	1,110	4.2	64	0	0	0	0	26,431	13.5	0	1,110	4.2	9.1
2020/01	36.65	-3.05	-7.7	19.55	26,368	13.5	0	1,110	4.2	64	0	0	0	0	26,431	13.5	0	1,110	4.2	10.4
2019/12	39.7	+0.1	+0.3	19.55	26,368	13.5	0	1,110	4.2	64	0	0	0	0	26,431	13.5	0	1,110	4.2	11.3
2019/11	39.6	+0.8	+2.1	19.55	26,368	13.5	0	1,110	4.2	64	0	0	0	0	26,431	13.5	0	1,110	4.2	11.4
2019/10	38.8	+0.1	+0.3	19.55	26,368	13.5	0	1,110	4.2	64	0	0	0	0	26,431	13.5	0	1,110	4.2	13.2

資料來源：Goodinfo! 台灣股市資訊網

圖 6-5　盟立（2464）的董監持股比率

月別	當月股價			轉讓張數合計	申報日期	申報人身分	姓名	預定轉讓方式	受讓人	原始持股張數	申報轉讓張數	目前持股張數	轉讓期間
	收盤	漲跌	漲跌(%)										
2020/03	30.4	-4.9	-13.88	65	03/30	經理人本人	葉德宏	贈與	葉珊	65	65	0	03/30~04/01
2018/02	49.45	-4.35	-8.09	5	02/12	經理人本人及由受託人持有者	葉德宏	贈與	曾蘿華	249	5	244	02/12~02/14
2018/01	53.8	+5.7	+11.85	13	01/03	經理人本人及由受託人持有者	方玉崴	贈與	方思喻	673	4	669	01/03~01/05
					01/03	經理人本人及由受託人持有者	方玉崴	贈與	方若宇	678	4	673	01/03~01/05
					01/03	經理人本人及由受託人持有者	方玉崴	贈與	方思傑	682	4	678	01/03~01/05
2017/12	48.1	+6.7	+16.18	46	12/26	經理人本人及由受託人持有者	羅振傑	贈與	羅翊宸	631	6	625	12/26~12/28
					12/26	經理人本人及由受託人持有者	羅振傑	贈與	郝允文	637	6	631	12/26~12/28
					12/20	經理人本人及由受託人持有者	林世東	贈與	林昱昱	406	4	402	12/20~12/22
					12/20	經理人本人及由受託人持有者	林世東	贈與	林昱昇	411	4	406	12/20~12/22
					12/19	經理人本人及由受託人持有者	郭忠義	贈與	郭于菁	594	12	583	12/19~12/21
					12/13	經理人本人及由受託人持有者	邱清祥	贈與	邱楷能	721	14	707	12/13~12/15
2015/12	35.1	+5.05	+16.81	97	12/30	經理人本人及由受託人持有者	方玉崴	贈與	方思喻	680	11	669	12/30~01/01
					12/30	經理人本人及由受託人持有者	方玉崴	贈與	方若宇	691	11	680	12/30~01/01
					12/30	經理人本人及由受託人持有者	方玉崴	贈與	方思傑	702	11	691	12/30~01/01
					12/23	經理人本人及由受託人持有者	羅振傑	贈與	羅翊宸	640	16	625	12/23~12/25
					12/23	經理人本人及由受託人持有者	羅振傑	贈與	郝允文	656	16	640	12/23~12/25

資料來源：Goodinfo! 台灣股市資訊網

圖 6-6　盟立（2464）的申報轉讓狀況

獲利穩健

　　投資的目的就是要賺錢、要獲利，接下來，我們可以先至「Goodinfo! 台灣股市資訊網」點選左上方的「個股現

波段存股法，
讓我滾出千萬退休金

況」，然後往下滑，可以看到右下方出現一個「股利政策」
的表格（見圖6-7）。連續23年配發股利，2001年上市以
來，每年都有配發股利，股利大致上介於2元左右，這對股
東來說實在是一件好事。

2464 盟立 發放年度股利政策 (Goodinfo.tw)			
發放年度	現金	股票	合計
2021	2	0	2
2020	2.5	0	2.5
2019	3.3	0	3.3
2018	1.5	0	1.5
2017	1.8	0.2	2
2016	2.3	0	2.3
2015	1.1	0.5	1.6
2014	1.5	0	1.5
2013	1	0	1
2012	1	0.3	1.3
*連續23年配發股利 (依發放年度統計)			

資料來源：Goodinfo! 台灣股市資訊網

圖 6-7　盟立（2464）的歷年股利政策

　　網頁繼續再往下滑，可以再看到一個「歷年合併經營績
效」的表格。之前在財報狗選股指標裡面，我有設定ROE
為15％，盟立近年來大致維持在12％以上，也曾有16.7

％與 25％的表現，雖不是最好，但基本上也不錯。盟立的
EPS 維持在 2 元以上的水準，相較於過去歷史價格主要在
40 元左右而言，這樣表現也很好。

　　我另外也很喜歡觀察「毛利」這項指標，然而，之前在
示範使用財報狗時，礙於只有 15 項選項的限制，所以沒有
將其納入指標。毛利率（Gross Margin），是指營業收入減
掉營業成本，可以作為評估公司產品價值的指標，毛利越
高，公司的附加價值創造能力就越強。

2464 盟立 歷年合併經營績效 (by Goodinfo.tw)							
年/季	營收(億)	稅後淨利(億)	毛利(%)	營業利益(%)	稅後淨利(%)	ROE(%)	EPS(元)
2020	89.1	5.13	21.1	7.51	5.76	12.6	2.63
2019	125	6.82	18.6	7.03	5.45	16.7	3.49
2018	144	9.54	18.5	7.96	6.62	25	4.88
2017	124	4.21	15.8	5.62	3.4	12	2.15
2016	88.8	4.89	17	6.24	5.51	13.8	2.55
2015	83.2	5.71	18.6	7.71	6.86	16.5	2.98
2014	68.6	3.81	17.7	5.61	5.55	11.7	2.09
2013	65.9	3.48	16.2	5.42	5.27	11.2	1.9
2012	49.4	1.5	16.5	4.1	3.04	4.93	0.83
2011	66.8	3.61	16.5	6.82	5.46	11.7	2.05

資料來源：Goodinfo! 台灣股市資訊網

圖 6-8　盟立（2464）的歷年合併經營績效

波段存股法，
讓我滾出千萬退休金

毛利率低的公司，只要原物料價格上漲或產品價格下跌，就很容易產生虧損。台灣很多沒有品牌、只做代工的公司，毛利率經常在 5％以下，只要遇到同業削價競爭，利潤就會被侵蝕，所以經營的很辛苦。盟立歷年來的毛利率維持在 15％以上，相對而言是不錯的。

若想閱讀更詳細報表，可以點選網頁左側的「經營績效」，並在「顯示依據」裡，選擇「獲利指標」，就能看到完整報表（見圖 6-9）。

年度	股本(億)	財報評分	年度股價(元)				獲利金額(億)					獲利率(%)				ROE (%)	ROA (%)	EPS(元)		BPS (元)
			收盤	平均	漲跌	漲跌(%)	營業收入	營業毛利	營業利益	業外損益	稅後淨利	營業毛利	營業利益	業外損益	稅後淨利			稅後EPS	年增(元)	
2021	-	-	48.9	44.7	+4.9	+11.1	-	-	-	-	-	-	-	-	-	-	-	-	-	-
2020	19.6	43	44	39.5	+4.3	+10.8	89.1	18.8	6.69	-0.91	5.13	21.1	7.51	-1.02	5.76	12.6	4.53	2.63	-0.86	20.96
2019	19.6	43	39.7	43.1	-2.3	-5.5	125	23.3	8.79	-0.32	6.82	18.6	7.03	-0.25	5.45	16.7	5.71	3.49	-1.39	20.81
2018	19.6	47	42	44.6	-6.1	-12.7	144	26.6	11.5	0.1	9.54	18.5	7.96	0.07	6.62	25	8.1	4.88	+2.73	21.04
2017	19.6	38	48.1	41.2	+10.75	+28.8	124	19.6	6.96	-2.12	4.21	15.8	5.62	-1.72	3.4	12	4.07	2.15	-0.4	17.99
2016	19.2	40	37.35	38.7	+2.25	+6.4	88.8	15.1	5.55	-0.13	4.89	17	6.24	-0.14	5.51	13.8	5.6	2.55	-0.43	18.33
2015	19.2	40	35.1	28.7	+7.15	+25.6	83.2	15.5	6.42	0.29	5.71	18.6	7.71	0.35	6.86	16.5	7.96	2.98	+0.89	18.75
2014	18.3	45	27.95	28.7	+2.55	+10	68.6	12.1	3.85	0.61	3.81	17.7	5.61	0.89	5.55	11.7	6.24	2.09	+0.19	18.22
2013	18.3	38	25.4	22.4	+3.9	+18.1	65.9	10.7	3.57	0.33	3.48	16.2	5.42	0.5	5.27	11.2	5.82	1.9	+1.07	17.51
2012	18.3	32	21.5	21.2	-1.8	-7.7	49.4	8.16	2.03	-0.06	1.5	16.5	4.1	-0.12	3.04	4.93	2.45	0.83	-1.22	17.03
2011	17.7	43	23.3	29.5	-10.6	-31.3	66.8	11	4.55	0.29	3.61	16.5	6.82	0.44	5.46	11.7	6.1	2.05	-1.24	17.55
2010	16.9	47	33.9	30.7	+2.65	+8.5	62.5	13	6.86	-0.51	5.49	20.8	11	-0.82	8.92	18.6	10.3	3.29	+1.23	18.02
2009	16.9	47	31.25	22.6	+13.7	+78.1	36.3	9.07	3.99	0.15	3.43	25	11	0.41	9.56	12.2	7.17	2.06	-0.84	16.53
2008	16.9	53	17.55	31.1	-24.8	-58.6	48.4	11	5.18	0.04	4.88	22.7	10.7	0.08	10.1	17.5	10.3	2.9	-1.76	16.68
2007	15.6	55	42.35	37.3	+8.5	+25.1	50.5	14.3	8.18	0.09	7.17	28.2	16.2	0.18	14.2	27.3	15.9	4.66	+0.25	18.01
2006	14.6	55	33.85	32.6	+2.05	+6.4	50.7	12.6	7.52	0.11	6.28	24.9	14.8	0.22	12.4	28.2	16.1	4.41	+0.59	17.12
2005	12.9	53	31.8	24.3	+12.4	+63.9	42.7	9.42	5	0.37	4.45	22	11.7	0.87	10.4	27.1	13.3	3.82	+1.35	15.88
2004	9.95	38	19.4	22.6	-5.1	-20.8	36.1	6.3	2.51	0.42	2.43	17.5	6.97	1.16	6.74	18.9	7.56	2.47	+0.74	13.23

資料來源：Goodinfo! 台灣股市資訊網

圖 6-9　盟立（2464）的獲利指標

綜合以上分析，盟立已通過企業的挑選準則：體質良好、有發展前景、正派經營、獲利穩健，因此我們可以先利用前面新增投資組合的方法，在 APP 裡增加群組「參考清單 1」，然後點選盟立原本畫面上方的星星，將它「移駕」至「參考清單 1」裡（見圖 6-10）。

資料來源：Yahoo 奇摩股市 APP

圖 6-10　移動挑選好的股票

　　我所用的篩選方法也許不是最專業、也沒有涵蓋最多的指標，但卻容易上手且易於執行。這些通過評估的個股基本上都已是水準之上的好公司，有興趣的讀者也能利用這些步驟，檢驗自己發掘出來的企業，讓自己滿手都是好牌。

第 7 章

如何設定買賣時機點？

農作物與養殖業具有一定的生產週期，台灣夏季因容易遭受豪雨與颱風災害而導致農損、歉收，造成產量減少而使價格上揚。秋冬季節氣候適合栽種蔬菜，經常造成第 1 季與第 4 季蔬菜產量過剩而使價格下跌。

另一方面，豬鴨魚肉及蔬菜水果的需求量，也會因為特殊節慶與季節更迭等因素而改變，一旦發生供需失衡的狀況，連帶就會引發市場價格的波動。

身為開心農場的主人，若能事先研究生產週期、季節性因素及市場供需的歷史資料，了解各種農產品與肉品在市場上的合理價格大致上落在什麼區間範圍，在變動中找出潛藏的波動幅度與規則，就能擬定開心農場的生產與銷售計畫，以較低的價格買入生產價值較高的作物，悉心照料養殖後，再以優於市場的價格賣出，藉此提高利潤。當然過程中也需做好天然災害與不可抗力因素的預防性措施，降低可能的風險與損失。

在日常生活中，我們去市場買東西，亂殺價可能會被認為是來亂的、被老闆趕出門；但是如果按照原價購買，買完以後卻發現朋友買的價格比你還便宜，不免會讓人捶心肝，後悔自己買太貴、買太早。

另一方面，若把商品拿到市場販售，在賣出後才發現別人賣得比你貴，難過自己賣太低、少賺了一筆；但有時偏偏

卻又因為想多賺一點，而把價格訂太高，轉眼間大家突然對此熱門商品失去興趣，就算你舉辦清倉大拍賣也賣不出去，最後才懊悔自己太貪心。雖然大家都知道「低買高賣」是交易獲利的基本原則，但什麼樣的價格叫低？什麼樣的價格叫高？有沒有一個參考的準則？

在股市裡，大家都想賺錢，常常聽到某某甲前幾天買了哪張股票，隔沒兩天賣出後賺了一筆，某乙、某丙、某丁……好多人股票買進賣出不費吹灰之力，輕輕鬆鬆就賺了好多錢。

低買高賣聽起來很有道理、應該也不難做到，然而，等自己一頭栽進股市後，怎麼發現事與願違，常常買了就跌、賣出就漲，每天殺進殺出，昨天好不容易賺到的錢，今天馬上又賠光了，只能安慰自己股市本來就有賺有賠，今天賠了，明天再賺回來就好。

為了賺回來，整天盯著螢幕看價格上下波動，但它不僅只是一個數字上的變動，而是牽引著你的「錢」，價格上漲 0.1，你會開心著 1 張賺 100 元，10 張賺 1,000 元；價格下跌 0.1，你會擔心著 1 張賠 100 元，10 張賠 1,000 元。

你的情緒被綁架了，你的財富也被綁架了，這種金錢遊戲看似有趣，但其實正在一點一滴耗盡你的精神與體力，也會影響你的工作，以及下班後的夫妻、親子家庭關係，今天

賺了錢，全家去吃大餐，若不幸賠了錢，則把怨氣出在小孩與家人身上。

要猜出今天或這一週股市價格很難，在時間壓力下，要快速做出買賣決定，很容易失誤。就如同你要欣賞一幅名畫，你必須退後幾步，才能看清楚它的全貌。一但把時間拉長，就能藉由過去的歷史價格軌跡，看看是否有脈絡可循、存在某種週期趨勢，如此一來，你就能從容的在對的時機點買進，並耐心等待賣出時機與價格的到來。

巴菲特指出，在找到理想投資標的後，他還會遵守其老師葛拉漢所謂的「安全邊際原則」，確信自己付出的價格大幅低於所能得到的價值，才會投資某檔股票。

然而，每家公司的長期價格走勢不盡相同，還記得之前我們有觀察到四種月線價格趨勢：由高轉低、突然暴漲、一去不復返及週期循環模式。像是暴漲暴跌，一路溜滑梯，一飛衝天等價格趨勢難以預測；然而股價不動如山的好公司，雖能穩穩領股利也是不錯的選擇，但就少了低價進場、賺取波段價差的獲利空間。

我們找到好公司後，若有辦法了解這家公司的價格波動範圍與潛在的週期循環模式，就有更大機會買在歷史相對低點、賣在歷史相對高點，在安全的情況下，提高投資績效。

之前，我根據巴菲特的原則把企業挑選標準設定為：體

質良好、有發展前景、正派經營、獲利穩健；接下來即將進入投資時機：價格來到 2~3 年循環週期的歷史相對低點時買進並於歷史相對高點時賣出。

很多人會想要買到飆股，漲 1 倍、2 倍，期望資金快速翻倍。這樣的機會不是沒有，但可遇不可求，而且難度很高，這些股票中不乏被刻意炒作起來的，散戶經常在追捧了以後，因為來不及下車而住進總統套房。我發現台灣其實有許多好公司的股價存在著週期波動的趨勢，大概每 2 ～ 3 年會循環一次，這類股票其實並沒有想像中難挖掘，像是我們不就已經利用簡單的方法找到 9 家公司，並在 APP 中予以標註了嗎？

週線和月線為基礎、KD 值為輔

在此我將繼續以盟立為例，先列出它在 2020 年 3 月的月線圖和週線圖供讀者參考（見圖 7-1、圖 7-2）。

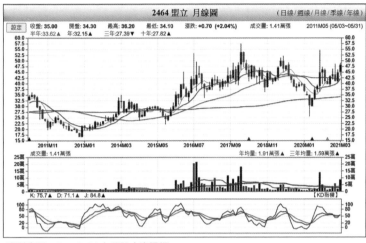

資料來源：Goodinfo! 台灣股市資訊網

圖 7-1　盟立（2464）的月線圖

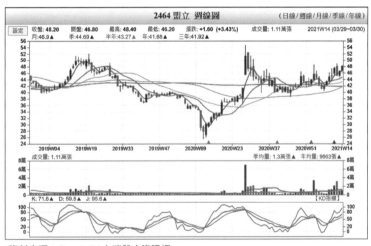

資料來源：Goodinfo! 台灣股市資訊網

圖 7-2　盟立（2464）的週線圖

　　我在篩選投資標的時，會以月線為基礎，快速看看它的月線走勢是否有週期循環的模式。但在設定買進價格時，主要是以「週線」的資料為基礎，因為月線的畫面資料列出近10 年的區間，範圍有點太廣，作為買進價格的參考點會與目前的時空背景產生隔閡。

　　週線範圍是最近 2 ～ 3 年的期間，剛好可以呈現一個到一個半的週期，在價格的判定上會更契合近年來的價格走勢。由於月線圖和週線圖會隨著時間而變動，所對應的 KD值 * 也不斷改變，要以目前我撰寫此書之 2021 年 3 月的圖表，倒推解釋發生在 2020 年 2 月的事，這樣的基礎不太適切，還好我有把當時的資料留存下來，以下將用 2020 年 3月時間點的「週線」圖表進行說明。

　　2020 年底，我發現了盟立這家公司，查看下月線和週線後，發現它的價格有週期循環模式。接下來，如何利用「週線」的歷史價格走勢，分析出我說的歷史相對低點（買點）及歷史相對高點（賣點）呢？

　　我會先在圖形中，找出前一個週期的相對歷史低點價格，並以 KD 值作為輔助判斷，當出現黃金交叉：K < 20（最底層的藍色曲線）、D < 20（最底層的紅色曲線），且

* KD 指標（Stochastic Oscillator，隨機指標），是許多投資人最喜歡關注的指標之一，常被用來判斷股價強弱、尋找價格反轉點，進而決定進場出場時機。

K 線由下往上穿越 D 線時，即為歷史相對低點。相對高點則沒有特別的指標，就是股價來到這個週期最高點後向下跌的價格。

我們從圖 7-3 裡可看到過去有兩次的週期，第一次最低價出現在 2017 年 5 月，該月分最低價格為 36.7 元，這次的週期來到 2018 年 1 月便反轉下跌，最高價為 57.5 元，在此以有色箭頭與圓圈 1 做標示。我們把最高價除以最低價（再乘以 100%、以百分比顯示）：57.5 ÷ 36.7（×100%）＝ 157%，漲幅近六成。

第二次週期最低點，出現在 2018 年 10 月，該月分最低價格為 36.5 元，這次的週期來到 2019 年 4 月便反轉下跌，最高價為 50.8 元，在此以有色箭頭與圓圈 2 做標示。我們把最高價除以最低價（再乘以 100%、以百分比顯示）：50.8 ÷ 36.5（×100%）＝ 139%，漲幅將近四成 *。

由於我們很難買在最低點，也很難賣在最高點，所以買進價格可設定略高於最低價，賣出價則設定略低於最高價。

以第二次週期為基礎的話，37.5 元以下買進，49 元以上賣出，49 ÷ 37.5（×100%）＝ 131%，漲幅為 31%，由此可知要達成三成漲幅目標是可行的。

---

* 以上數據是查詢自歷史週線資料

　　確認過盟立的公司體質，以及設定好 37.5 元以下是安全的進場價格後，我便耐心等待機會到來。然而，必須提及的是，2019 年的股市漲得讓我覺太瘋狂、過熱了，我雖然不知道泡沫何時會被戳破、也不知道黑天鵝何時會飛來，但是我就是耐住性子，握住現金等待進場時機。

　　2020 年農曆春節期間，爆發新冠肺炎疫情，盟立股價也開始下跌，慢慢接近 KD 黃金交叉且 KD 低於 20，我便於 2020 年 2 月 21 日以 35.75 元的價格開始買進。

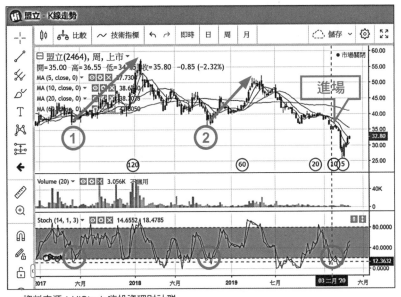

資料來源：HiStock 嗨投資理財社群

圖 7-3　盟立（2464）的走勢圖

　　2015 年,發生中國股災引發全球股市下跌時,我買進中信金,一路慢慢往下跌。但這次 2020 年爆發新冠肺炎疫情卻跌得又急又快,在大家措手不及、還反應不過來的情況下,股市就從 2 月至 3 月短短不到 2 個月的時間,深 V 反彈回去了。

　　2020 年 2 月 21 日,我以 35.75 元開始買進盟立後,當時無從得知疫情的嚴重性,以及未來如何演變,也不知道股市究竟會如何發展,所以很快的先將一半資金買進盟立的股票,建立我要的部位。後來股市急速崩跌,面對這樣的震撼教育,根本談不上什麼作戰計畫,剩下一半的資金只能且戰且走持續買下去,眼見價格越跌越低,但手上的銀彈卻越來越少。

　　按照常理來說,股價越便宜理應要買更多張數才對,但事與願違,因為實際上我的資金籌碼越來越少,也不知道會跌到哪一天才停止,所以只能把剩下的資金繼續買,而且越便宜的價格每筆買進的張數卻是越少。

　　3 月 19 日終於來到最低價格 25.5 元,但我僅存的資金寥寥無幾,只能買進 5 張,然後就彈盡援絕了,還好之後就開始向上反彈。過程中,我買的一點都不擔心害怕,只是覺得好可惜,遇到千載難逢的清倉拍賣價格,但自己卻已沒有銀彈可以撿便宜。

　　表面上，從 35.75 元往下買至 25.5 元，平均價格應該很低，但事實上，我有 80 張的價格是買在 35 元以上，最低價 25.5 元也只買了 5 張，所以整體平均價格是 33.3 元，並沒有想像中的低。那陣子剛好遇到媒體來採訪，當時還在布局階段，原本預計要買 167 張，後來人算不如天算，最終只買了 151 張，總成本為 503 萬元。

　　原本我以為會用複製當年中信金的模式來布局盟立，不過這次股市崩盤來得又快又急，雖然最終的結果相似，但過程還是不太一樣，這就是股市千變萬化、難以捉摸、充滿挑戰的地方。這次股市跌得既深又快，但回升的速度也不遑多讓，所以有人稱為「深 V 反彈」。後來盟立在除權完後，股價突然急速反彈，我便以均價 51.1 元賣掉 99 張股票，把 503 萬元本金全部回收，並在開心農場裡面存下 52 張零成本股票。

　　由於股票賣出是採先進先出法，也就是會先從一開始進場買進的股票開始賣出，我在出清原先比較高價買的 99 張股票後，剩下的 52 張零成本股票的均價已經降為 29.71 元。

　　51.1 ÷ 33.3（×100％）＝ 153％，所以盟立這筆交易的波段漲幅價差利潤是 53％，比之前預計的三成目標還高出兩成利潤。我還記得當時新冠肺炎引發股市重挫時，很多專家建議大家要「現金為王」，先設停損點把股賣出，等股市

回穩後，再以低價承接回來。

我們永遠不知道底部在哪，價格越便宜，人們反而越不敢買，很多人都想等到底部出現後，再進場買在最便宜的價格，然而人算不如天算，深 V 反彈讓很多人根本還來不及買，價格就回到原先的水準。

賺取三成波段價差，再逢低布局

我這幾年來的感想是，找出好公司並設定歷史相對低點，當它的價格到來時，其實股價已經處於葛拉漢所謂的「邊際安全價格」範圍，投資風險已大幅減少，這時就可以勇敢開始「逢低布局」，此時賺取三成波段價差便指日可待（三成合理利潤）。

然而，唯有黑天鵝因素出現，加劇股市下跌的幅度，在原先合理價格之下，「繼續加碼」所買進的那些更低價（破盤價）股票，方能帶來「超額利潤」。我這次新冠肺炎多賺取的兩成利潤，便是來自「破盤價」的那些股票（兩成超額利潤）。

我將前述的分析，利用盟立的週線圖（見圖 7-4）做說明，讓讀者更容易理解。

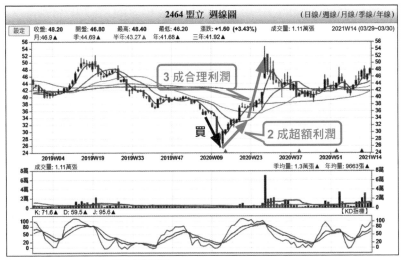

資料來源：Goodinfo! 台灣股市資訊網

圖 7-4　盟立（2464）的週線圖

　　巴菲特認為市場閃崩（Flash Crash）或出現極端波動，不至於會對投資人造成嚴重傷害，市場崩跌對真正的投資人而言其實是好事，如果他手上握有現金，便能以遠低於資產價值的市價來買進。當市場瀰漫著恐懼氣氛時，對投資人來說是好事，當市場裡的人普遍得意忘形時，投資人反而需要戒慎提防。

　　以後看到新聞報導「股市下挫，投資人慘賠」時要微笑，並在心裡改成「**股市下挫，準備賣股的人慘賠，但投資人賺到了**」。

- 股價下跌時，所有人無法準確知道價格會跌到哪裡？
- 這把天上掉下來的刀子究竟掉到什麼時候才停止？
- 什麼時候可以去接，而不會讓自己接得滿手是血呢？
- 有人問我哪來的勇氣，怎麼敢接天上掉下來的刀子？

　　何謂風險？**當你不知道自己在做什麼時，才是風險。當你做好研究並有所準備，等待機會到來才採取行動，這就不是風險而是機會，而且可能還是千載難逢的大好機會。**基本上，找到好公司後，我會守株待兔等價格跌到設定的合理價格再進場，通常這時候大概就是其他人設定「停損點」，開始出售手上股票的時機，這時候就能安心展開「你丟我撿」的投資布局。

利用樂活五線譜，找出相對高低點

　　我除了透過股價週期循環趨勢判斷個股買進與賣出價格，另外還會使用「樂活五線譜」確認價格是否來到歷史相對低點。進入網頁（見圖 7-5）後，只要輸入股票代號或名稱，便會出現他的歷史價格趨勢。它一共有 5 條線，就如同我們常見的樂譜一般，當價格座落在中間的粉紅色線上時，

代表目前的價格不高不低，等同平均價格。

當價格低於由上往下數來的第四條線、也就是深藍色線時，代表價格已經來到相對合理的歷史低價範圍，若價格跌到由上往下數來的第五條、最底部的黃色線時，表示已經出現破盤價。

基本上，當我設定的合理價格到來時，我會再用樂活五線譜網頁做確認，若價格低於第四條藍色線以下，我就會放心買進，但若是高於第四條深藍線，我則會再觀望。相反地，當價格高於由上往下的第二條紫色線時，代表價格已經有點偏高，當價格來到接近第一條黃色線時，基本上已來到歷史高價，就可以賣出。

圖 7-5　樂活五線譜的網址

波段存股法，
讓我滾出千萬退休金

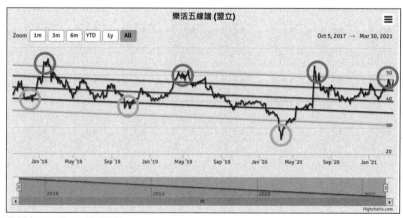

資料來源：樂活五線譜網站

圖 7-6　搜尋股票代碼

資料來源：樂活五線譜網站

圖 7-7　盟立的價格走勢

　　我們在樂活五線譜網站輸入盟立的股票名稱（見圖7-6），圖7-7示範的是2021年3月31日的走勢圖。我把股價走勢處於相對低點（第四條深藍線）以淺色圓圈標示出來，把股價走勢處於高相對高點（第二條紫線）以深色圓圈標示出來，我們可以看出前面有兩次買賣的週期循環。第三次循環的買點出現在2020年2～3月，且為破盤價，而它的高點則出現在2020年7～8月，也是歷史相對高點。

　　值得注意的是，在圖片最右側的2021年3月30日的價格，已經來到第一條黃線的高點了，想要進場的人必須居高思危，要有風險意識。當然，有些股市專家或名嘴會宣稱，有些個股突破歷史高點後，就會「上檔無壓力」，讓不少人瘋狂搶進、期望能搭乘下一波股價的全新走勢。由於我的心臟比較小顆、個性比較保守，所以我會和這類股民背道而馳，就算錯失股價創新高的機會也沒關係，我不會去「追高殺低」，而是謹慎小心的遵守「低買高賣」原則。

　　我的策略是，讓波段價差利潤所留下來的「零成本股票」，去參與公司未來的成長（包含股價），並在之後的歲月年年領取它配發的股利，此時我已經安穩的在開心農場的被動收入系統裡「存」下生力軍，讓它們自動展開錢子再生錢孫的複利模式。

　　由於盟立過去的股價有週期循環的模式，雖然目前

（2021 年 3 月）的價格處於相對高檔，但若是它的股價再跌回歷史相對低點時，我會再重新進場一次。

然而，我並不需要苦守寒窯痴痴等著它，如果它未來價格都沒有再回檔也沒關係，因為天涯何處無芳草，何必單戀一枝花，我們可以利用前面介紹的挖掘潛在投資標的方法，在 APP 裡設定許多優質公司，屆時有公司的股價下跌至目標價格時，便能放心買進。

我們也不需天天盯著股價等待價格到來，我會用 Yahoo 奇摩股市 APP 把有興趣投資的個股，進行進場價格的通知設定，步驟為圖 7-8：按下主畫面右上方的「鈴鐺」→選擇「到價警示」→設定自己估算出來的買進和賣出價格「高於（含）此價位時」及「低於（含）此價位時」，這樣就不需要每天查詢股價。

有些證券公司的下單 APP 也有類似功能，大家可以多加利用，如此就不用擔心錯過進出場的機會。其實離股市遠一點，可以讓自己不被市場各種紛亂消息所影響，不僅可以把時間和心力用在生活中更重要的人事物上，也有助於使自己耐心等待波段價差的到來。

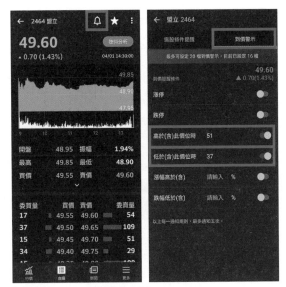

資料來源：Yahoo 奇摩股市 APP

圖 7-8　設定「到價警示」

你可能好奇我為什麼會以三成作為波段價差的目標？

我在一開始並沒有做這樣的設定，後來因為逐漸找到許多體質不錯的公司，但發現我開發出來的這些個股，通常比較冷門、一般人比較不會注意的企業，在不受大眾青睞之下，股價相對較平穩、漲跌幅度較小，慢慢摸索出它們每隔 1 ～ 2 年或 2 ～ 3 年的期間，股價波動幅度大致上介於三成左右。例如我們之前在「待評估」群組裡面的廣隆或德律

等，價格走勢都有類似的區間幅度（見圖 7-9、圖 7-10）。

當然，每家公司的股價調性不盡相同，大盤處於多頭或空頭期間，也會影響震盪幅度，讀者可以根據實際狀況斟酌，或視個人需要與風險承受度，自行調整設定為 25％、30％、35％或 40％⋯⋯不同水準。

常常有人覺得投資股票最困難的，是不知如何設定買進和賣出的價格，其實在找到股價有週期循環特性的好公司後，耐心等待股價跌到設定的歷史相對低點就勇敢買進，若買進後，股價又再繼續往下跌，就以逮到跳樓大拍賣的心情來加碼。**買進後 1 ～ 3 年內股價上漲三成，相對而言是比較容易達到的目標，以此為原則，就能自己決定買賣的價格與時機。**

我只是茫茫股海中的一個平凡股民，既沒有撼動大盤的能力，也無法預測個股在每一刻的價格變化，我能掌控的部分就是預先設定好獲利目標、進場和出場價格，堅守紀律進行買賣，如此一來，就能達成投資目標。

一個任務完成後，就再等待下一次的機會，這樣對我來說不但易於執行，也能讓心情輕鬆自在。有些人買進後，若價格繼續下跌，便後悔買太早；賣出後，若繼續往上漲，就後悔賣太早。

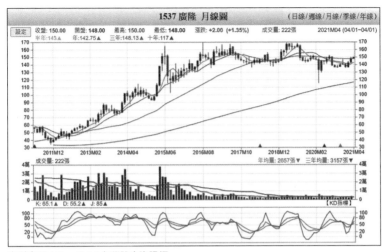

資料來源：Goodinfo! 台灣股市資訊網

圖 7-9　廣隆（1537）的月線圖

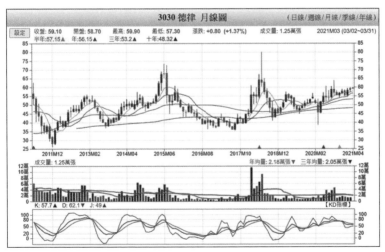

資料來源：Goodinfo! 台灣股市資訊網

圖 7-10　德律（3030）的月線圖

其實，在買賣的當下，你永遠無法得知此刻的決定是對或錯，然而，大家卻會用後來的價格走勢，評判自己當時的決策，所謂千金難買早知道，事後諸葛也無濟於事。

以下我想分享幾個例子，說明過去我以波段價差三成漲幅為目標，賣出股票後的股價走勢。

2017 年，我買進艾訊（見圖 7-11）並於隔年股價上漲三成後賣出，當時有留下零成本股票，雖然股價之後漲漲跌跌，但都沒有漲回三成的水準。有些人在賣掉股票後，看到股價往下跌，就會慶幸、高興自己賣得早、賣得好，但這些結果都來自於事後的判斷。

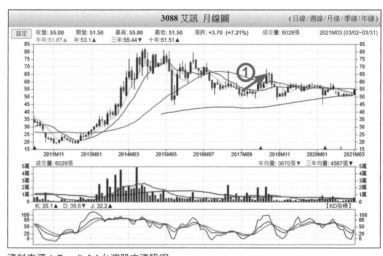

資料來源：Goodinfo! 台灣股市資訊網

圖 7-11　艾訊（3088）的月線圖

　　2017 年，我買進聚鼎並於 2018 年漲三成後賣出。2019
年，它又回檔到接近原先的價格，所以我便再進場一次，同
樣也是漲三成後賣出。然而，第二次賣出後，它的價格就扶
搖直上漲了一倍，再也沒有回頭。聚鼎讓我操作了兩次的循
環，由於當時我的主要資金都鎖定在其他個股，所以每次都
只買 3 張，價差利潤並不足以留下零成本股票，但我對這樣
的成果已感到心滿意足（見圖 7-12）。

　　面對第一次的循環，有人可能會在賣出後看到股價下跌
而感到開心，然而在第二次循環賣掉後因股價繼續上漲而
感到遺憾，相同的買賣策略卻因後來的股價變化而影響了情
緒，並對成敗下了不同的註解，這些反應在股市裡屢見不顯。

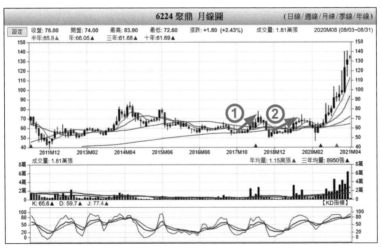

資料來源：Goodinfo! 台灣股市資訊網

圖 7-12　聚鼎（6224）的月線圖

2019 年 1 月，我在雜誌上看到宜鼎的報導，發現它是台灣的隱形冠軍，且公司各方面表現優異，剛好股價跌到低點且 KD 值來到黃金交叉，見機不可失便進場買進，幾個月後它的價格漲到三成後便賣出，從此它的價格便一去不復返（見圖 7-13）。由於我不貪心，設定三成漲幅作為滿足點賣出，爾後就算股價繼續漲也不會懊悔。

我常常很開心自己的眼光真好，可以找到這麼多厲害的公司，由於已經賺到我要的利潤，所以我都抱著祝福的心情和它們道別。

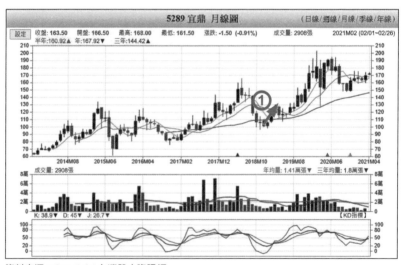

資料來源：Goodinfo! 台灣股市資訊網

圖 7-13　宜鼎（5289）的月線圖

　　2008 年金融海嘯至 2019 年，已歷經一個 10 年多頭的大循環，我在 2019 年感受到股市過熱的氛圍，所以決定獲利後回收所有資金，等待未知的股市轉向，因此宜鼎全數賣出並沒留下零成本張數。後來，這些資金在 2020 年新冠肺炎疫情後投入盟立，並獲得不錯的成果。

　　但經由這次的宜鼎經驗，再加上這幾年的投資心得，我有一些感想要和讀者分享，也會將其謹記在心： 無須掛慮未來大盤走勢如何發展，應該持續留下零成本張數的股票；以股價三成漲幅為基本原則，但可以根據公司狀況略作調整，唯這必須是事先就設定好的，而非因為股價上漲後「捨不得賣」、「朝三暮四」的決定。

　　以前在上經濟學時，課本裡常會出現一個「在其他假設條件不變的情況下」前提，然後再進行後續的理論或公式推導。然而，在過去這 5 年來的股市歷程中，各種因素說變就變，沒有任何 2 個年度的市場與大盤是一模一樣的，我們只能一邊投資、一邊學習，不斷摸索、調整、建立出適合自己的投資策略。

　　巴菲特說：「當別人貪婪時，你要恐懼，當別人恐懼時，你要貪婪。」這句話不就是大家耳熟能詳的：不要「追高殺低」、要「低買高賣」嗎？「貪婪」和「恐懼」這兩個用詞不免讓人覺得好猙獰，但如果巴菲特奉勸你不要「追高

殺低」、你要「低買高賣」，這種老生常談、平淡無奇的話能引起共鳴或注意嗎？

所以，我認為巴菲特只是想用誇飾法來提醒大家，別受到股市群眾集體意識的影響而失去理智、迷失方向，投資人必須時時刻刻保持清醒，並在必要時做出正確判斷。我把這句經典名言奉為圭臬，股價下跌至目標價格時買進（別人「殺低」時，就是我「低買」的時機），股價上漲至目標價格時，抱持著它未來的漲跌再也與我無關的心情賣出（別人「追高」時，我「高賣」）。

跟著大師學習，我在股市裡不會因「貪婪」和「恐懼」而感到揣揣不安，逐漸體會出「心靜致富」的道理。

例如，你搭捷運回家，到某一站時，發現一堆乘客都在下車，此時你並不會驚慌失措起身要跟著大家下車，因為你還沒到站啊；而當你到站時就算車廂裡還有滿滿的乘客、即使這一站只有你要下車，因為你的目的地到了，所以你會很自然地下車離去，而且也不會在乎這班列車要繼續開到哪裡。不管你是要去上班、下班、拜訪客戶、拜訪親友、出遊、購物等，你必須先確定好「目的地」，才不會搭錯車、下錯站。

很多人經常感嘆不知何時該進場、何時該出場，何時是買點、何時是賣點。投資股市就如同搭乘大眾運輸工具，

「上台靠機會，下台靠智慧」，做好功課後勇敢買進、不戀棧賣出，慢慢培養出投資紀律，就能一次又一次的完成投資任務，不斷累積財富、一步一步朝投資目標邁進。

第 8 章

雙管齊下的投資策略，加速獲利

先前曾提到，巴菲特說過：「如果你不想持有某檔股票10年，最好連10分鐘都不要持有。」這句話對我的影響很大。他使用「雙管齊下」的投資策略：

百分百收購

也就是所謂的企業併購，巴菲特購入公司後，基本上就會長期經營它不再出售。只有大財團才有本錢進行購併，我們一般市井小民資金有限，通常就是使用下面這第二種方法進行投資。

在市場上購入部分股權

我們偶爾會聽到巴菲特買了哪家公司的股票、賣了哪家公司的股票之新聞報導，就是屬於這類的投資方式。這就如同一般投資人，在股市裡買賣某家公司的股票。

2015年，我在買進中信金後，決定要長期持有，並在隔年2016年參加了它的第一次除權，當時配發現金股利0.81元、股票股利0.8元，我自以為長期持有中信金10年後，

我的 10 年離開校園計畫應該就能大功告成。誰知僅短暫的在 2016 年享受過這麼豐厚的股利政策，2017 年中信金宣布不配發股票，只配息 1 元。由於計畫趕不上變化，眼看這樣的股利政策無法達成 10 年後每年可領到 100 萬元股利的被動收入目標，只好另謀方法。

在台灣，其實並非所有投資人都想在股市裡殺進殺出、炒短線，還有一群人想要追求穩定，造成這幾年來存股風氣蔚為風潮，我也期待自己未來能「存」到一籃子股票。

然而，存股需要堅強的恆心和毅力，我發現導致存股中途而廢有三大原因：

1. 股價下跌時，其他人腳底抹油落跑，自己卻像個傻子痴痴站在原地不動，此時忍耐不是美德，反而可能還會被訕笑。
2. 存股過程中，看到股價上漲心癢癢，再加上又聽到別人吹捧賣出股票賺了多少錢，要忍住不賣實在違背人性，很少人能練就老僧入定的功力。
3. 每年領到的股利少的可憐，懷疑自己苦守寒窯 18 年後，是否能獲得回報。

為了避免買到股票後，股價直直落，以及錯失上漲的價

差利潤，所以我在前面章節列出了搜尋好公司，以及設定買進和賣出價格的方法。此外，為了確保每年的股利水準，在篩選公司時也針對股利政策和殖利率進行把關。透過這樣的方式，便能讓自己更有信心把股票給「存下去」。

因為我所擁有的資金、投資時間和巴菲特大相逕庭，排除掉百分百收購方法的可行性後，在遵循巴菲特的「價值投資」、「長期投資」、「複利效果」三大原則之下，我把它修改成適合我個人的「雙管齊下」策略：波段價差＋股利再投入，以發揮「進可攻」、「退可守」的投資成效。

波段價差

我以價值投資觀點來尋找經營績效卓越的好公司，之後耐心等待低價的進場機會，接著再耐心等待三成漲幅後賣出，最後回收全部資金成本，並留下零成本張數的股票，透過零成本股票的部分來對此公司進行長期投資。詳細做法先前已介紹過，故不再贅述。

股利再投入

我們可以選擇經營成效卓越的好公司，來讓自己的資金獲得安全保障，然而，我們卻無法決定它的股價漲跌。有些看似不怎麼樣的公司，股價卻漲得亂七八糟；有些體質良好的公司，股價卻不見起色。我們好不容易搜尋到的好公司，有的股價可能很快就上漲，有的可能需要冬眠幾年才能甦醒。

買到股價文風不動的個股，投資人持有期間若能領到優渥的股利，便能氣定神閒等待上漲機會的到來。由於我們原本就把股利和殖利率設定為選股標準，若能耐心等到 2 ～ 3 年歷史相對低價再買進，通常能達成殖利率 7% 以上的水準。

先舉出我投資裡最熟知的兩個例子，盟立與中信金。2020 年 2 月我以 35.75 元買進第一筆盟立，參考它 2019 年的股利政策是 3.3 元，殖利率為：3.3 ÷ 35.75（×100%）＝ 9.2%；2015 年 9 月我從 18 元開始買進中信金，當年度現金股利 0.81 元、股票股利 0.81 元，合計 1.62 元，殖利率為：1.62 ÷ 18（×100%）＝ 9%。

另外，再舉出我賣出中信金留下零成本股票，回收的300 萬資金於 2017 年買進 4 家公司艾訊、聯華、創見、長興的例子。

波段存股法，
讓我滾出千萬退休金

　　我是在9月艾訊除權完才以52元開始買進，當年度它配息3.65元，殖利率為：3.65÷52（×100％）＝7％。

　　聯華是趕在7月除權前以30元買進，它的現金股利1.6元、股票股利0.5元，合計2.1元，殖利率為：2.1÷30（×100％）＝7％。

　　創見除權完，股價跌至歷史相對低點，我在12月以80元買進，當年度現金股利6元，殖利率為：6÷80（×100％）＝7.5％。

　　長興則是在除權後，10月以31元買進，當年的現金股利是1.5元、股票股利是0.5元，合計2元，殖利率為：2÷31（×100％）＝6.5％。長興乍看之下殖利率只有6.5％，未達7％的水準，但其實股票股利應當要把配的股分換算成為股票市值。股票股利0.5元，代表配50股，50股的股票市值是股價（31元）×股數（50股）＝1,550元。

　　因此，我預估長興的股利約當1,500元+1,550元＝3,050元，將配股調整為股票市值後的殖利率為：3,050÷31,000（×100％）＝9.8％。根據以上列舉的範例可以發現，只要股價來到股價歷史循環的相對低點，要達到殖利率7％的目標並非難事。

　　巴菲特指出，在長期投資的過程中，「複利」可以讓投

資績效發揮加乘的效果。

　　很多人常常聽到複利這個名詞，自己也有好多年的投資經驗，但從來沒看過複利效果到底躲在哪？難道複利只是股市裡的一個傳說？

　　有些人領到股利後，便很開心的拿去犒賞自己或用來支付家庭開銷，這些錢全部花光光了，當然船過水無痕、股利只是帳戶裡的匆匆過客。就如同飼養一對雞終於下蛋了，若把這些蛋全部吃完，雞棚裡依舊只有那對雞。想擁有複利效果，唯有把蛋留下來讓母雞孵化，才能再長出小雞，小雞長大再生蛋，把蛋留下來繼續孵出小雞，如此雞棚才能欣欣向榮、成長茁壯。

　　投資股票想產生複利效果，必須把領到的股利「原封不動」再拿去買股票，這些「免本」的股票隔年就會發放股利，再把這些股利繼續買「免本」的股票，接著隔年再領股利，亦即重複進行「股利再投入」的動作。

　　你有聽過「一本萬利」這句成語嗎？只需要支付最初購買股票的本金，之後就能以股利啟動錢滾錢、利滾利的複利循環效果，每個人都能施展「一本萬利」的魔法。巴菲特說：「人生就像一個雪球。重要的是，要找到溼的雪和一個非常長的山坡。」這句話就是在闡述這樣的投資原理。

　　領到股利後，想要進行股利再投入時，究竟要何時進場

買？買什麼股票呢？每年 6 ～ 8 月是台股除權的旺季，所以股利入帳後，並不需要急著隔天立刻買，只要趕在隔年除權前買進即可參加除權，所以約莫有半年時間可以好好挑選適合的個股，金額不足買整張股票時，也能買零股。

股利想繼續買原先配息的公司也可以，但若原公司的股價居高不下，就能考慮改買其他口袋名單裡的好公司。因為股利是免費的，所以就不需要堅持價格非要買在歷史相對低點不可，只要處於樂活五線譜的第三條粉紅色均線價格以下、低於平均價格即可。

有時，我會把股利拿來購買價格一直下不來的好公司，這就很像是去買已經物色很久，但是買不下手、稍微貴一點的商品。

但我絕對不會抱著反正這筆錢是多出來的，就算賠了也沒關係的心態，把它拿去賭一把、買進一些投機性的股票。

波段價差可以提高獲利的空間，股利再投入可以發揮複利效果，在進可攻、退可守的雙管齊下策略之下，就能堅定把股票繼續存下去。所謂的進可攻策略，就是低價進後，等待三成漲幅後賣出；退可守的策略是，價格沒漲上去時，就每年領 7％股利。

以下我以殖利率 7％作為基礎進行說明，假如我們年初用 100 萬元買進某家好公司的股票，第一年股價沒漲（甚至

期間下跌也沒關係），領了 7 萬元股利（$100 萬 ×7％＝ 7 萬），將其執行「股利再投入」，把股利換為「零成本」的股票資產。

第二年股價依舊沒漲（甚至期間下跌也沒關係），**繼續領 7 萬元股利（$100 萬 ×7％＝ 7 萬），再次執行「股利再投入」，把股利換為「零成本」的股票資產。**

到了第三年，股價終於漲三成了，該股票總市值由 100 萬元漲為 130 萬元，此時賣出 100 萬元成本張數的股票回收資金，留下市值 30 萬元張數的「零成本」股票，再加上第一年 7 萬元股利購入的「零成本」股票、第二年 7 萬元股利購入的「零成本」股票，開心農場裡已多了 7 萬＋ 7 萬＋ 30 萬＝ 44 萬元「零成本」股票了。

在這看似不起眼的 7％ 殖利率安心保障之下（退可守），投資者可以有更大的耐心等待股價上漲（進可攻），使總資產由第一年的 100 萬元，到第三年成長為現金（本金）100 萬元再加上 44 萬「零成本」股票，資產總計 144 萬元。投資人已經在自己的開心農場裡「存」下 44 萬元「零成本」股票，而這 44 萬元的股票就是一個「被動收入系統」，之後每年都可以開始領到 44 萬 ×7％＝ 30,800 的免費股利。

此外，回收的 100 萬資金又可以重新展開另一個投資循

環。其實，第一年和第二年領到的 7 萬元股利所購置的零
成本股票同樣也會產生股利，並且應當再繼續購買零成本
股票，若將其全部計算進去，第三年的總資產為 1,449,943
元，在此為了簡化，所以將其計算過程省略。

以下繼續舉出不同範例，年初同樣用 100 萬元買進某家
好公司的股票，第一年股價沒漲，領了 7 萬元股利並購買
「零成本」的股票資產。很幸運的第二年就漲三成了，同樣
賣出 100 萬元成本張數的股票回收資金，留下市值 30 萬元
張數的「零成本」股票。

此時，第二年的總資產為本金（現金）100 萬元，再加
上第一年 7 萬元股利購入的「零成本」股票，以及第二年
30 萬元波段價差留下來的「零成本」股票，開心農場裡面
多了 7 萬＋ 30 萬＝ 37 萬元「零成本」股票，資產總額為
137 萬元。此次回收的 100 萬資金可以更快速重新展開另一
個投資循環。若幸運女神降臨，第一年就漲了三成，開心農
場馬上就多了 30 萬元「零成本」股票，然後可以等待下一
個新的投資循環機會了。

殖利率 7％並以三成漲幅為目標，100 萬元資金會因為
股價成長速度的差異，而有可能讓資產在第一年成長為 130
萬元、第二年成長為 137 萬元、或是第三年成長為 144 萬
元。即使第三年才增值為 144 萬元的幅度看似不大，但如果

投資人的資金為 200 萬元，第三年資產總額就能增加為 288
萬元，帳戶裡多了 88 萬元的零成本股票，未來每年可以領
到 61,600 元的免費股利，這樣一來，就能看出改良版存股
方法的成效。

　　一如當時我因感受到少子化的潛在危機，因此決定投資
理財來為人生創造一個選擇權，當我發現中信金後來的股利
政策不如預期時，內心難免感到失落。所謂山不轉路轉，我
為了不讓這個計畫延宕，開始思考如何改變策略，想不到竟
然也摸索出一套投資心法。

　　2015 年，我以 300 萬元資金投資中信金，中途於 2017
年開始改採「波段價差」＋「股利再投入」雙管齊下的投資
策略後，時至 2020 年底，總資產（包含庫存股票的市值與
現金存款）已成長至 1,300 萬元。

　　開始投資的前三年，資產增加的幅度有限，但是進入到
第四年與第五年之後，突然感受到複利效果讓資金發揮連本
帶利的成長威力，如同小雪球起先從山坡上往下滾時沒什麼
感覺，幾年過後猛然一看這顆雪球已越滾越大。這過程就如
同種植竹子一般，在剛開始的前幾年，竹子靜悄悄的在地底
下，完全無法觀察出它的發育跡象，農夫只能耐心灌溉並期
待它發芽。

　　持續四、五年之後，有一天它突然冒出頭，在短短不到

2 個月的時間內，以爆發性的速度成長到 15 公尺左右的高度，在體型穩固並成熟後，幾乎就不再長高，爾後將養分全部用來繁殖竹筍。

如果把 300 萬元資金從 2015 年持續投資在中信金直至 2020 年，這樣的投資成果究竟如何呢？中信金每年股利大約是在 8 月的第一週入帳，因此我以過去期間每年 8 月的歷史月均價作為再投入的購買價格，並根據每年實際的股利政策為基礎來進行試算。

由於我是 2015 年 9 月以後購入，所以當年度並沒有參加除權，股利再投入的動作是從 2016 年開始。所有過程整理於下表，最終在 2020 年 8 月領完股利，並將其用來購買零成本股票後，預估將會有 253.6 張股票，這些張數股票若以 2020 年 8 月歷史月均價為基礎，所計算出來的股票約當市值為 4,793,040 元，詳細內容整理於圖表 8-1。2016 年之後，雖然我每年還有再投入 30 萬～ 50 萬元資金到投資帳戶裡，但 1,300 萬元的投資成效還是顯著大於 4,793,040 元。

年度	期初張數	股利政策	股利再投入（複利效果）	期末張數
2015	-	-	-	185 張
2016	185	現金股利：0.81元 185×810=149,850元 股票股利：0.8元 185×0.8=14.8張	2016年8月均價：18.3元 149,850÷18,300=8.2張	185+14.8+8.2=208張
2017	208	現金股利：1元 208×1,000=208,000元	2017年8月均價：19.5元 208,000÷19,500=10.7張	208+10.7=218.7張
2018	218.7	現金股利：1.08元 218.7×1,080=236,196元	2018年8月均價：21.6元 236,196÷21,600=10.9張	218.7+10.9=229.6張
2019	229.6	現金股利：1元 229.6×1,000=229,600元	2019年8月均價：20.4 229,600÷20,400=11.3張	229.6+11.3=240.9張
2020	240.9	現金股利：1元 240.9×1,000=240,900元	2020年8月均價：18.9元 240,900元÷18,900=12.7張	240.9+12.7=253.6張 股票約當市值：253.6×18,900=4,793,040元

圖表 8-1　2015 年～ 2020 年，買進中信金（2891）的績效

第 9 章

股票成本歸零的技巧

　　我的 10 年離開校園投資計畫，是希望 10 年後每年可以領到 100 萬元股利，來代替薪資所得。

　　為了達到這個目的，我是以建立每年可以配發 100 萬元股利的「被動收入系統」為目標，因此我把股票視為「資產」，我要買進的是能配發優渥股利的「好公司」股票。若股利以先前所提的 7% 殖利率為基礎，每年要領到 100 萬元股利所需要的股票資產為 100 萬 ÷ 7% ＝ 1,4285,714 元，大致上需要 1,430 萬元。

　　然而，好公司也可能會有經營績效表現不佳的年分（例如受新冠肺炎疫情影響），導致配發的股利減少；另一方面股市多頭期間會讓股票市值膨脹、股市空頭期間則會讓股票市值縮水。為了消彌上述的變動因子並確保每年可以領到 100 萬元股利，我以累積（存）2,000 萬元股票資產作為被動收入系統的目標，這樣一來，即使遇到某年度的平均股利殖利率只有 5%，我依然可以領到 100 萬元股利。

　　有別於大多數人追求一張股票「賺」了多少錢，我把房地產的概念運用到股市裡。我把每張股票當成一間房子，每張股票都可以收到房租，只是真正的房東是每個月收租金，股東則是每年收一次股利，但是換個角度來想，如果你買了某家公司 12 張股票，就等同你每個月都能領到房租。而我領到的房租（股利）1 塊錢也不會花掉，雖然資金也許不足

以買房子，但可以買小套房，這樣一來，小套房也開始加入收租金的行列。

當你買了房子，雖然房價或多或少會有些波動，但你卻不會每天上網查房價，也不會天天問房仲你的房子現在值多少錢，除非哪天這個區域房價漲到某個水準、值得脫手轉賣，否則你就安心當房東領房租，自在悠閒過生活。

我把股票當成房子來看待後，買股票就像買房子一樣慎重，在選擇房子時，會注意它的生活機能、地理位置、建商、建材、附近的出租行情及未來的增值空間等。因此，我的股票就是「不動產」，特別是「零成本股票」更是名符其實的不動產，成為我被動收入系統裡的成員，為我帶來源源不絕的現金流（股利）。

讀者大致上已了解零成本股票的原理，為了讓有興趣者在執行時有參考依據，我把零成本股票的完整輪廓與建置方法整理如下：

來自公司每年配發的股票股利

有些公司除了發放現金股利，還會配發股票，這些除權所獲得的股票，就是零成本股票。例如，2016 年中信金配了

現金股利 0.81 元、股票股利 0.8 元。我當時有 185 張，所以領到了 14.8 張的零成本股票。另外，我前面也有舉例，長興在 2017 年配發股票股利 0.5 元，持有 1 張股票就能領到 50 股。

股利再投入所購得的零成本股票

所謂股利再投入，是指在領到股利後，把股利原封不動、全數再拿去買股票。

之前提過，再買原公司或其他好公司的股票都可以，此外價格低於歷史均價即可，不一定非要等到歷史相對低點。前文舉例 2016 年中信金配了現金股利 0.81 元、股票股利 0.8 元。我當時有 185 張，所以領到了 14.8 張的零成本股票，以及約 15 萬元股利。

我把這 15 萬元股利一部分拿去買 200 股中信金，湊齊 15 張整數股票，另外再貼補一些錢，以 162.5 元買了 1 張可寧衛。這張零成本的可寧衛股票，我從 2016 年 11 月買進後，持有至今沒有賣掉，期間從不在意它的股價漲跌，它從隔年的 2017 年～ 2020 年已連續 4 年配發 4.1 萬元股利給我，此外，2021 年也已經公布發放 10 元股利，只要我不賣

掉，它就像是一隻會下金蛋的鵝，源源不絕繼續生金蛋（股利）下去。可寧衛每年所發的 1 萬元股利，因為金額不足以購買完整張數的股票，所以我把它和其他公司的股利結合起來，持續股利再投入的動作，購買其他零成本股票。

三成波段價差留下的零成本張數股票

2017 年時我把持有的 200 張中信金賣出 158 張，回收 300 萬元本金，在帳戶裡存下 42 張零成本股票。當時因為還沒觀察出三成漲幅的原理，所以該次的漲幅只有將近兩成，然而，這也讓我開始踏上零成本的存股旅程。過程中也持續存下三成漲幅價差張數的零成本股票，最近一次則是在 2020 年存下了 52 張零成本的盟立股票。

以三成波段價差利潤購買其他公司股票

在賣出股價上漲達三成波段價差的股票後，如果當初買進的張數太少，所產生的價差利潤可能不足以留下任何零成本股票。此時就全數售出後，回收本金，再把賺到的波段價

差金額拿去購買其他單價較低的股票。例如，前面曾提及我兩度以 52 元和 54 元買進聚鼎 3 張，雖然兩次都有來到三成的波段價差，但是賣掉 2 張的金額，並無法回收所有的成本，因此無法執行留下零成本的策略。

另一種情況則是，2019 年初，我以均價 101 元買進 20 張宜鼎，漲三成至 132 元時，因為有感當時股市過熱，所以決定 2019 年不留下零成本股票，回收全部資金等待下次進場的機會。所以 20 張的成本約為 200 萬元，漲三成全數售出獲得 260 萬元，其中的 60 萬元為波段價差利潤，必須和 200 萬元作區隔，後來這筆 60 萬元的波段價差利潤便投入到 2020 年的盟立。

你知道世界上第二長的亞馬遜河，其實它是世界上流域面積最廣、支流最多、平均流量最大的河流嗎？它的主河流寬度大約介於 1.5 ～ 12 公里，但它不是一開始就是這麼寬廣，而是在匯集了無數的支流後逐漸成形的。

我們每增加一筆零成本股票，就如同多增加了一條支流，當零成本股票的支流越多，將有助於河流的拓寬，平均流量也會增加，讓股票資產挹注源源不絕的現金流。在投資最初期所存（留或買）的零成本股票，幾乎讓人感受不到它的存在，第二年開始配發股利時，因為只有零星股利，所以還是沒有什麼感覺。眼看著別人在股市裡殺進殺出、忙得不

亦樂乎，而且好像還比較有賺頭，一再動搖你的投資信念
（有些人真的就放棄了）。

　　然而等到第三年、第四年、第五年……之後，複利效果
讓錢滾錢、利滾利，屆時你的資產及每年領到的股利，會突
然大到讓你很有感，就像才幾年沒看到親友的小孩，轉眼間
已長大到讓你幾乎快認不出來一樣。相似的，開心農場也是
需要從荒蕪開始悉心灌溉，當你看到雞鴨成群、枝枒茂密、
農產豐收時，你的內心將感到無比踏實。

第 **10** 章

盤點開心農場資產的
實用工具

波段存股法，
讓我滾出千萬退休金

　　想要開始投資理財的人，首先必須了解自己收入與支出的金錢流向，記帳便成為一項不可或缺的日常工作。然而，久而久之，不少人發現記帳變成一種例行作業，這麼做只是為了讓自己感到心安，不知道能從這一長串的流水帳裡嗅出什麼蛛絲馬跡，讓自己的財富更上一層樓。

　　同樣地，投資人在股市裡進進出出，只能從帳戶裡看到密密麻麻的交易日期、股票名稱、價格、金額等數字，摸不著頭緒這些交易資訊要從何管理起。我投資方法的撇步，就是耐心等待低買高賣的時機，所以每年進出股市的頻率很低，交易次數與資料相對而言較少且簡單，因此容易記錄管理，在此與大家分享我的方法。

Excel 就是你的財務管家

　　我使用 Excel 作為工具，並設定了 4 個表單：「開心農場庫存」、「成本」、「配息成果」、「零成本股票」來分門別類、進行管理。

　　1. 開心農場庫存：記錄股票的買賣交易細節，用以掌控
　　　 即時的庫存狀況

2. **成本**：記錄投入的資金數額

3. **配息成果**：檢視每年領到多少現金股利與股票股利

4. **零成本股票**：了解已存了多少免費股票

以下，我將利用幾個年度的例子，說明投資過程中，如何將不同數據登記到對應的表單裡。

2015 年 9 月，我從 18 元開始購買中信金，一路買至隔年 1 月的 15 元，總共買了 185 張，總投入資金為 300 萬元，由於當年度並沒有領到股利，也還沒有零成本的股票，所以只會使用到「開心農場庫存」和「成本」這兩個表單。

「開心農場庫存」表單設定了 5 個欄位，編號、日期、股票名稱、買價、備註（見圖 10-1）。每檔個股依照買進的時間，依序編列號碼，並註記名稱、購買金額，以及需要特別註明的事項。由於 185 張的數據太多，所以中間以……略過。最下方可看到 5 個表單的名稱。

波段存股法，
讓我滾出千萬退休金

	A	B	C	D	E
1	編號	日期	股票名稱	買價	備註
2	#1	2015/9/24	中信金	18	
3	#2	2015/9/24	中信金	18	
4	#3	2015/9/24	中信金	18	
5	#4	2015/9/24	中信金	18	
6	#5	2015/9/24	中信金	18	
7	#6	2015/9/24	中信金	17.5	
8	#7	2015/9/24	中信金	17.5	
9	#8	2015/9/24	中信金	17.5	
10	#9	2015/9/24	中信金	17.5	
11	#10	2015/9/24	中信金	17.5	
12	……	……	……	……	
13	……	……	……	……	
14	#181	2016/1/20	中信金	15	
15	#182	2016/1/20	中信金	15	
16	#183	2016/1/20	中信金	15	
17	#184	2016/1/20	中信金	15	
18	#185	2016/1/20	中信金	15	
19					
20					
21					

開心農場庫存　成本　配息成果　零成本股數

圖 10-1 「開心農場庫存」的範例

　　接下來，進入「成本」表單，裡面設定了年度、日期、
金額、備註 4 個欄位，我們可以依序記錄存到證券帳戶裡的
日期與金額，若有特別想註明資金來源時，則可以陳述於備
註欄位。

　　此外，我每個年度是分別獨立計算，最後再另外加總各
年度的總金額，可以參考圖 10-2 的示範。

	A	B	C	D	E
1	2015年	日期	金額	備註	
2		9/01	400,000		
3		9/20	2,000,000	房貸	
4		10/1	600,000	保險期滿領回	
5		總計	3,000,000		
6					
7	2016年	日期	金額	備註	
8		2/10	150,000		
9		8/30	150,000		
10		總計	300,000		
11					
12			年度	金額	
13			2015	3,000,000	
14			2016	300,000	
15			總投資金額	3,300,000	
16					
17					
18					
19					

開心農場庫存　成本　工作表1　配息成果　零成本股票　⊕

圖 **10-2**　「成本」的範例

2016 年，中信金發放現金股利 0.81 元，股票股利 0.8 元，一共領了 14.8 張的零成本股票及預計帳面股利金額 149,850 元股利。由於實際匯入帳戶的股利金額必須扣除掉 匯費與健保補充保險費，所以實領金額會減少，所以我在 「配息成果」表單裡有另外增加欄位，包含了年度、股票名 稱、持有張數、現金股利、應發股利金額、實領股利金額、

股票股利、實際配股等欄位。

此外，「配息成果」也是針對每個年度進行獨立統計（見圖 10-3）。2016 年的股利，實際上是來自於 2015 年的股利政策，但為了簡單起見，我就直接以 2016 年呈現。講究的讀者，也能自行設定為 2015 年股利。

	A	B	C	D	E	F	G	H
1	2016年	股票名稱	持有張數	現金股利	配息原始金額	配息實領金額	股票股利	實際配股
2		中信金	185張	0.81	149,850	146,887	0.8	14.8張
3					總計	146,887		
4								
5								
6								
7	2017年	股票名稱	持有張數	現金股利	配息原始金額	配息實領金額	股票股利	實際配股
8								
9								
10								
11								
12								
13	2018年	股票名稱	持有張數	現金股利	配息原始金額	配息實領金額	股票股利	實際配股
14								
15								
16								
17								

圖 10-3 「配息成果」的範例

前文提及中信金配發 14.8 張股票，所以我用股利再買進 200 股中信金，湊齊 15 張整數股票。剩下的股利，另外再貼補一些錢，以 162.5 元買了 1 張可寧衛。在投資邁入第二年之後，我開始領到免費的股票及買進免費的股票，這部分的資金來源，就必須在「開心農場庫存」表單裡的備註欄做

說明（見圖 10-4）。

	A	B	C	D	E
1	編號	日期	股票名稱	買價	備註
2	#1	2015/9/24	中信金	18	
3	#2	2015/9/24	中信金	18	
4	……	……	……	……	
5	#181	2016/1/20	中信金	15	
6	#182	2016/1/20	中信金	15	
7	#183	2016/1/20	中信金	15	
8	#184	2016/1/20	中信金	15	
9	#185	2016/1/20	中信金	15	
10	#186	2016/11/17	中信金	0	零成本: 購入價0。2016年中信金配股15張。
11	#187	2016/11/17	中信金	0	零成本: 購入價0。2016年中信金配股15張。
12	#188	2016/11/17	中信金	0	零成本: 購入價0。2016年中信金配股15張。
13	……	……	……	……	……
14	#198	2016/11/17	中信金	0	零成本: 購入價0。2016年中信金配股15張。
15	#199	2016/11/17	中信金	0	零成本: 購入價0。2016年中信金配股15張。
16	#200	2016/11/17	中信金	0	零成本: 購入價0。2016年中信金配股15張。
17	#1	2016/11/17	可寧衛	162.5	零成本: 購入價162.5。用2016年中信金股利購買。
18					

圖 10-4　備註零成本股票資金來源的範例

我會寫下得到這張零成本股票的原因，讓每張零成本股票都有自己的 DNA，當以後有其他原因賣出這張股票或進行轉換時，都可以追溯到最初的資金源頭，以及了解這筆資金的歷史軌跡，類似幫每張零成本股票建立「族譜」的概念。

如同迪士尼動畫《冰雪奇緣 2》（Frozen II）裡的角色艾莎（Elsa）所說的，幸好水還有記憶，她因而能透過一滴

水來窺探出塵封的往事。我藉由這樣的紀錄，就能清楚知道自己「賺到的錢」，不論是來自配息、配股或三成波段價差等不同管道，究竟是被我牢牢地、安穩地「存」在哪些「零成本股票」身上，把這些錢轉換成會繼續增值或滋生股利的「資產」。

也因為有這些紀錄，讓自己每次的交易決策都更謹慎、不急躁，也能避免受到市場氣氛或漫天紛飛的新聞報導影響。此外，我還會把這些零成本股票用淡藍色註記，讓自己一眼就看出來帳戶裡有哪些股票是免費的，如此一來就能使自己感到很開心。

接著，把這些零成本股票登記到「零成本股票」表單裡（見圖 10-5），這部分也是將每個年度各自進行記錄，只要呈現出當年度最後的實際庫存狀況即可。然而隨著投資時間的延續，過程中零成本股票可能會基於一些考量而有異動，所以可以在底下增設當年度即時零成本股票總數的欄位，藉以了解目前的零成本庫存現況，透過這樣的紀錄，將有助於逐漸看出自己的投資脈絡。

	A	B	C	D
1	2016年度	股票名稱	張數	來源
2		中信金	15張	零成本: 購入價0。2016年中信金配股15張。
3		可寧衛	1張	零成本: 購入價162.5。用2016年中信金股利購買。
4				
5				
6	2017年度	股票名稱	張數	來源
7				
8				
9				
10				
11				
12	2018年度	股票名稱	張數	來源
13				
14				
15				
16				
17	2016年零成本股票總數	股票名稱	張數	
18		中信金	15張	
19		可寧衛	1張	

開心農場單存　成本　配息成果　零成本投資

圖 10-5　「零成本股票」的範例

　　Excel 裡的三個表單:「成本」、「配息成果」、「零成本股票」,基本上比較單純,只要按年分逐項記錄資料即可,我在前文示範中,有在底下預留後續年度的欄位,供讀者參考,所以接下來就不再說明這三個表單對應的異動內容。

　　投資過程中,股票一定會進進出出,如果沒有自行記錄交易資訊,光看券商提供的交易對帳單報表,實在不太容易從龐雜的數據中得到有用的訊息。還好我的投資方法偏向於中長期持有,所以每年交易的次數與頻率相對較少,故在交易資訊的整理上比較容易,以下我將列舉一些比較關鍵性的

範例，說明如何將其記錄至「開心農場庫存」表單裡，以及記載時所需注意的重點。

　　2017 年，中信金公布不配股票只配股利且發放股利 1 元，除權完我將均價 16 元的 200 張中信金股票，以 18.95 元賣出 158 張，把 300 萬元本金全部回收。此時帳戶裡留下 42 張「零成本股票」，其中 15 張應該歸屬於前一年度的配股，剩下的 27 張則來自波段價差利潤。此時就必須把「開心農場庫存」表單中的中信金資訊重新整理，我的方法如下：

1. 保留編號 #1 ～ #27 的紀錄 *，然後在後面備註欄寫下「零成本：購入價參考原始價格」。2017 年以 18.95 元賣出 158 張中信金，回收 300 萬元本金。剩餘 42 張零成本股票中，27 張來自波段價差利潤。此外，再將欄位的顏色改為淡藍色（讀者可依喜好自行設定），以方便辨識出此為零成本股票。

2. 將原本編號 #186 ～ #200 的代號調整為 #28 ～ #42，其餘內容不變。這裡可發現，即便這 42 張中信金都是零成本的，但藉由紀錄便能探究出它們的各自來源，重新編製過後的 Excel 表格請參閱下頁圖片。

---

* 理應以先進先出法註記，但為求方便故直接保留前 27 筆。講究的讀者可以刪除 #1 ～ #158，再把 #159 ～ #185 的編號修改為 #1 ～ #27。

	A	B	C	D	E
1	編號	日期	股票名稱	買價	備註
2	#1	2015/9/24	中信金	18	零成本：購入價參考原始價格。2017年以18.95元賣出158張中信金，回收300萬元本金。剩餘42張零成本股票中，27張來自波段價差利潤。
3	#2	2015/9/24	中信金	18	零成本：購入價參考原始價格。2017年以18.95元賣出158張中信金，回收300萬元本金。剩餘42張零成本股票中，27張來自波段價差利潤。
4	……	……	……	……	
5	#25	2016/1/20	中信金	15	零成本：購入價參考原始價格。2017年以18.95元賣出158張中信金，回收300萬元本金。剩餘42張零成本股票中，27張來自波段價差利潤。
6	#26	2016/1/20	中信金	15	零成本：購入價參考原始價格。2017年以18.95元賣出158張中信金，回收300萬元本金。剩餘42張零成本股票中，27張來自波段價差利潤。
7	#27	2016/1/20	中信金	15	零成本：購入價參考原始價格。2017年以18.95元賣出158張中信金，回收300萬元本金。剩餘42張零成本股票中，27張來自波段價差利潤。
8	#28	2016/11/17	中信金	0	零成本：購入價0。2016中信金配股15張。
9	#29	2016/11/17	中信金	0	零成本：購入價0。2016中信金配股15張。
10	#30	2016/11/17	中信金	0	零成本：購入價0。2016中信金配股15張。
11	……	……	……	……	
12	#40	2016/11/17	中信金	0	零成本：購入價0。2016中信金配股15張。
13	#41	2016/11/17	中信金	0	零成本：購入價0。2016中信金配股15張。
14	#42	2016/11/17	中信金	0	零成本：購入價0。2016中信金配股15張。
15	#1	2016/11/17	可寧衛	162.5	零成本：購入價162.5。用2016年中信金股利購買。
16					

圖 10-6　重新整理過的庫存表單

　　讀者應該可以發現，我在選擇投資標時，很重視好公司的股利與殖利率，並且耐心等待它到達歷史相對低價時再買進。2017 年，我以 18.95 元賣出中信金後，它的價格已逐步上升到 21.45 元，但只配息 1 元，換算下來殖利率只有 4.66％。

　　再者，中信金已由當時均價 16 元，上漲至 18.95 元，再漲至 20.9 元，漲幅已經超過三成，所以我便決定把帳戶中 42 張零成本的中信金賣出，帶著感恩的心和中信金全數道別，改買其他殖利率較高的公司。

　　智基的獲利和配息（殖利率 7.3％）相當好，國巨公布

配發股利 44.8 元，殖利率高達 13 ％，所以我便把賣出 42
張中信金所回收的 88 萬元資金，轉投入 5 張智基（購入價
109 元）及 1 張國巨（購入價 340 元），來獲得更佳的股利
收入。這 88 萬元零成本資金，由於是來自於先前的 15 張配
股及 27 張波段價差收入，所以必須稍微計算一下金額，以
決定如何將它們分配至新進的零成本股票上（5 張智基與 1
張國巨）。

　　賣出 15 張配股收回 15×20.9=313,500 元；賣出 27 張
波段差價回收 27×20.9=564,300 元。由於賣出 15 張配股的
資金和一張國巨的價格差不多（大概還需要再加 1 張中信
金），我就直接把這部分註記到 1 張國巨的備註欄，賣出
27 張波段價差回收的資金，直接註記到 5 張智基的備註欄。

　　因為這只是一個歸屬（分配）的問題，事實上怎麼安排
無傷大雅，我建議讀者有個全貌概念即可，無需太在意枝微
末節、力求精準，以抓大放小、輕鬆有效率的方式來投資，
就能讓自己保持愉快的心情。

　　中信金從 2015 年一路買進至 2019 年全身而退，中間歷
經了不同階段的調整，然而透過我所示範的記錄方式，便能
了解這幾年持有過程的來龍去脈，也就是我所說的為每張零
成本股票標註它的 DNA，如此一來就能以類似族譜的方式
去追查它的零成本資金源頭。我們在零成本股票國巨和智基

的身上，因而能找到中信金的 DNA。

　　例如，國巨的備註欄紀錄「零成本：購入價 340。
（1）2016 年中信金配股 15 張。（2）2019 年以 20.9 元賣
出，回收約 31.3 萬元，用此資金買進。」；智基的備註欄紀
錄「零成本：購入價 109。（1）2017 年以 18.95 元賣出 158
張中信金，回收 300 萬元本金。剩餘 42 張零成本股票中，
27 張來自波段價差利潤。（2）2019 年以 20.9 元賣出，回收
約 56 萬元，用此資金買進。」因為它們也是零成本股票，
所以欄位全部用淡藍色標註（圖 10-7）。

　　大家都聽過要在市場裡避開價格廝殺的「紅海策略」，
採取以價值創新的方式來拓展無人或競爭較不激烈市場的
「藍海策略」。在這樣的思維之下，我也放棄了股市殺進殺
出的短線操作策略，研發出一套「波段價差＋股利再投入」
雙管齊下的投資方法。如今看到帳戶裡「藍海股票」的數量
不斷增加、領域範圍持續延展，我很高興自己在股市裡默默
耕耘出一個安全有效的「藍海策略」。

　　有時候因為股票張數較少，所以賣出後無法留下零成本
股票；還有，有時候賣出股票後，回收的資金遲遲等不到適
合的投資標的，這時候怎麼辦？

　　接下來，我就示範如何讓這些資金，不要和帳戶裡的其
他資金搞混在一起的方法（見圖 10-7 底部）。例如，2017

年我用 52 元買進 3 張聚鼎股票，漲三成在 68 元賣出，獲利 4.8 萬不足以留下 1 張零成本股票，這時候我就會在「開心農場庫存」表單裡先記錄下來，等到有機會買進新股票時，再把它註記為零成本股票，並在備註欄註記資金來源，記錄方式為「待分配零成本資金：4.8 萬元。2017 年 52 元買進聚鼎 3 張，漲三成 68 元賣出，波段獲利 4.8 萬元」。

再舉另一個例子，2019 年初我以均價 101 元買進 20 張宜鼎，漲三成至 132 元時，因考量股市過熱，所以 2019 年時，並未依循過去留下零成本張數的方法，而是把這 20 張股票全數賣出，所以獲利 60 萬元。這筆資金，我等待超過半年，終於有機會用來買進盟立的股票。

如果當下沒有立刻把獲利資金做註記，閒置資金擱個幾個月過後根本就很難回想起帳戶裡怎麼會有這筆錢，而且也容易讓「本金」和「獲利」混在一起，分不清誰是誰，記錄方式為「待分配零成本資金：60 萬元。2019 年 101 元買進宜鼎 20 張，漲三成 132 元賣出，波段獲利 60 萬元」。

我把以上的開心農場記帳方式提供給大家參考，希望能對未來也有興趣開墾自己股市開心農場的讀者有所幫助！

	A	B	C	D	E
1	編號	日期	股票名稱	買價	備註
2	#1	2016/11/17	可寧衛	162.5	零成本: 購入價162.5。用2016年中信金股利購買。
3	#1	2019/4/17	國巨	340	零成本: 購入價340。(1)2016年中信金配股15張。(2)2019年以20.9元賣出，回收約31.3萬元，用此資金買進。
4	#1	2019/4/23	智基	109	零成本: 購入價109。(1) 2017年以18.95元賣出158張中信金，回收300萬元剩餘42張零成本股中，27張來自波段價差利潤。(2) 2019年以20.9元賣出，回收約56萬元，用此資金買進。
5	#2	2019/4/23	智基	109	零成本: 購入價109。(1) 2017年以18.95元賣出158張中信金，回收300萬元本金。剩餘42張零成本股票中，27張來自波段價差利潤。(2) 2019年以20.9元賣出，回收約56萬元，用此資金買進。
6	#3	2019/4/23	智基	109	零成本: 購入價109。(1) 2017年以18.95元賣出158張中信金，回收300萬元本金。剩餘42張零成本股票中，27張來自波段價差利潤。(2) 2019年以20.9元賣出，回收約56萬元，用此資金買進。
7	#4	2019/4/23	智基	109	零成本: 購入價109。(1) 2017年以18.95元賣出158張中信金，回收300萬元本金。剩餘42張零成本股票中，27張來自波段價差利潤。(2) 2019年以20.9元賣出，回收約56萬元，用此資金買進。
8	#5	2019/4/23	智基	109	零成本: 購入價109。(1) 2017年以18.95元賣出158張中信金，回收300萬元本金。剩餘42張零成本股票中，27張來自波段價差利潤。(2) 2019年以20.9元賣出，回收約56萬元，用此資金買進。
9					
10					
11	待分配零成本資金: 4.8萬元。2017年52元買進寧鼎三張，漲三成68元賣出，波段獲利4.8萬元				
12	待分配零成本資金:60萬元。2019年101元買進宜鼎20張，漲三成132元賣出，波段獲利60萬元				
13					

圖 10-7 讓資金不混亂的記帳法

第 **11** 章

讓子女成為小小
股市農夫

我還沒有生小孩前，偶然看到一位女明星在談話性節目裡忿恨不平的說，她同學在大學畢業後就買房子了，她很好奇問同學哪來的資金？原來她同學的媽媽把她從小到大的壓歲錢都存起來，大學畢業後就把這些錢拿來當作購屋頭期款，剩下的部分就讓同學用工作的薪水自己繳房貸。

這位女明星當晚就問媽媽，小時候幫我存下來的壓歲錢在哪？她媽媽笑著回答說，傻孩子，這些錢早就都拿去付你的學費、補習費、生活費了，哪還有剩下什麼壓歲錢啊！那時候我就跟自己說，以後有小孩時，一定要把這些錢存起來，免得子女長大後跟我抱怨。

幫小孩打造被動收入的壓歲錢

以前我看到一些長輩年事已高，但卻還在上班，問他們為什麼不退休，得到的回答通常是因為孩子還小，至少要等到他們大學畢業、工作穩定後才敢退休。後來，我自己步入職場，發現社會上有不少人工作壓力大、厭世感很重，但同樣礙於孩子還小的理由必須繼續工作，內心想著除非幸運女神降臨讓他們中樂透，否則日子只能做一天算一天的過下去。

基於上述原因，我在進行 10 年離開校園計畫時，深刻

體會必須連同女兒的投資計畫一併進行，否則我也有可能面臨子女的養育、教育基金不足問題，造成羈絆而無法從容自在的離開校園。我把女兒出生以來的彌月金和壓歲錢等，都一筆一筆幫她存下來，當時沒有積極作為，就是定存和買一些基金。

在我要開始投資時，便把女兒的定存解約，並將基金贖回，一共取得 40 萬元的資金，然後帶女兒去開證券帳戶，一起踏上投資股市的旅程。我為自己設定的目標是 10 年後完成每年都能發放 100 萬元股利的被動收入系統，我為女兒設定的目標，是她大學畢業時擁有 200 萬元的股票資產，或建立每年可以發放 20 萬元股利的被動收入系統。

我以 40 萬元資金在女兒 7 歲那年開始幫她投資，因為主要目的是作為教育與養育基金，因此採取更保守的投資策略，截至 2020 年底她的資產成長至 120 萬元，當年度的股利金額為 5 萬元，以目前績效再加上複利效果來預估，應該可以達成預定的投資目標。2020 年我也開始使用《自己養會下金蛋的鵝》書中的方法，為她每月定期定額投資 6,000 元於元大台灣高股息 ETF（0056），1 年所需的資金為 $60,00 \times 12 = 7.2$ 萬元。

我女兒目前 1 年的股利 5 萬元，再加上每年有 2 萬～ 3 萬元的壓歲錢，合計資金已經足以用來支付這項投資計畫。

波段存股法，
讓我滾出千萬退休金

我相信約莫再過個 3 年，她每年股票資產所配發的股利應該可以成長至 7.2 萬元，屆時就能用每年股利的被動收入，來建置另外一個被動收入系統。我很期待這個「開心鵝場」在複利效果的加持下，生下源源不絕的金蛋，啟動錢滾錢、利滾利的投資循環。

親子理財落實兩大致富組合

我並沒有教導女兒任何股市投資技巧，而是在日常生活中落實兩個最重要、最根本的致富組合：「開源＋節流」及「儲蓄＋投資」。我女兒小學五、六年級時很希望擁有一台 Switch，因為這不是必需品，所以我請她自己存錢買。她那時候每個月的零用錢是 250 元，而過年領到的紅包實際上只有分配到 1,200 元的零花額度，絕大多數的壓歲錢都必須存到投資帳戶裡，另一部分則是存到另一個銀行帳戶裡，作為每個月捐贈慈善機構的扣款資金。

為了增加收入，我女兒把已經不看的書籍整理好，拿去網路二手書商店進行販售，另外也會利用跑腿和其他方法賺取零用錢。我再教她如何記帳、分配零用錢的用途，剛好又遇到振興三倍券的機會，她終於在七年級開學後第一週，存

到 13,250 元，並買下夢寐以求的 Switch。從一開始覺得不可能存到這麼多錢，到最後的實現目標，這個持續學習的過程，可以讓小朋友看到聚沙成塔的效果，也能培養他們的金錢觀念。

我們家附近有一間生意興隆的手搖飲料店，它的旁邊有一家門可羅雀的按摩店。我問女兒，如果這兩家老闆想跟你借錢，你會借給誰？她說當然是手搖飲料店，因為它很賺錢，按摩店如果倒了，那借出去的錢就可能要不回來了。我說這就像把錢拿去股市投資，你要挑選好公司的股票，當它們賺到錢時就會讓你分紅，當作是給你的報酬。

我舉當時中信金的例子給她聽，你走在路上常常都能看到中信金銀行，而 7-ELEVEN 裡也都有它的提款機，所以你買了這家公司的股票，自己就好像變成公司老闆，而遍布這家全台灣的各個分行裡的員工都在勤奮的為你工作。因此，我會刷中國信託的信用卡，並且去 7-ELEVEN 的提款機跨行領錢（因為我的薪轉戶享有跨行免手續費優惠），如此一來，就能讓我的公司賺錢，也能讓我領到更多的股利。

此外，台北車站那邊有 3 家大型的連鎖書局、文具百貨，我們有時候也會去那邊逛逛。我女兒會進行比價，知道同一種文具在哪家店比較便宜，另外，她也知道各種文具的價格區間，定價多少元算是落在合理範圍，什麼樣的價格偏

貴，什麼樣的價格是便宜的。我告訴她，股票價格也會有類似這樣的高低起伏波動，當股票價格變便宜時，就跟 DM 上刊登了喜歡的文具有特價一樣令人開心。

我女兒之前去世貿參加動漫展，回來後告訴我，裡面有個日本攤位的東西好貴，但粉絲卻心甘情願地大排長龍，深怕買不到喜歡的商品。我問她這些商品貴得有道理嗎？她說這樣的價格對粉絲來講應該是值得的，因為它們的品質很好、設計的很棒又有特色，所以粉絲會心甘情願掏錢出來購買。我告訴女兒，這些公司有辦法設計出獨一無二、吸引人的商品，所以能為商品創造附加價值，並訂定很高的價格，公司因此會有比較高的利潤。

我就再反過來問我女兒，當架子上有好多功能、品質差不多的筆時，你會買哪一枝筆呢？她說當然選擇比較便宜的啊！這就對了，當你的東西和別人差不多，沒有特色、沒有差異性，在競爭激烈的市場之下，只能靠降價來吸引顧客，如此一來只能薄利多銷，公司的利潤就很低。這樣個概念，不就是反映出公司「毛利率」的狀況嗎？

藉由機會教育的方式，我把價值投資的觀念潛移默化傳遞給女兒，相信有朝一日她會從我身旁的小小農夫，成長為獨立自主的農夫，開墾出生生不息的股市開心農場。

結語
靠「坐功」，財務才能無虞

　　小時候，我很喜歡看萬花筒，只要用手輕輕一轉，就能看到千變萬化、絢麗燦爛的圖案，驚喜連連的情緒不斷湧上心頭，彷彿漆黑夜裡躺在大草原上，仰望無垠天際裡的點點繁星閃耀著光芒。我後來才知道這些繽紛的圖案，其實是透過鏡像折射原理，將一組「相同的材料」變化出無窮盡的排列組合，所以才會如此令人目眩神迷、百看不厭。你能辨識出不同圖案之間的差異嗎（見圖 12-1）？

　　你曾聽過「向宇宙下訂單」這件事嗎？為什麼有些人特別幸運，跟宇宙下訂單後就會實現願望，但有些人卻經常事與願違呢？目前全球總人數約為 75 億人，每個人每天可能都會跟宇宙下各式各樣、千奇百怪的訂單，有些人一天之中甚至還下了不只一個訂單，想想看宇宙的倉儲物流中心，無時無刻要處理這麼多訂單並安排出貨，這樣的作業系統是何等的複雜與忙碌呢？

　　近年來台股交易熱絡，根據台灣集保結算所統計，台股於 2020 年新增股民人數達 67 萬人，參與股市的投資人總數為 1,078 萬人，占人口總數 46％，其中又有 452 萬人曾參

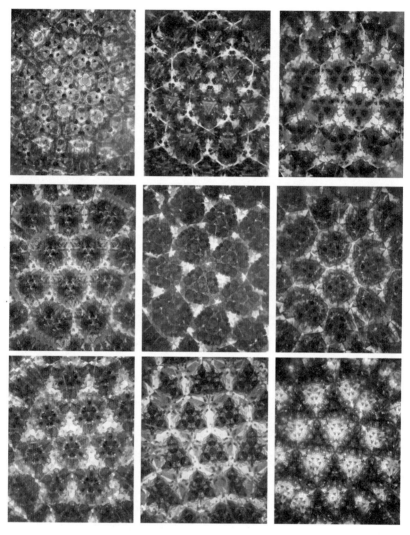

圖 12-1　萬花筒千變萬化的圖案

與股市的交易 *。此外，2020 年我國有 948 家上市公司、782 家上櫃公司，上市櫃公司總計有 1,730 家 **，若再加上深受投資人喜愛的 ETF，股市裡面約莫有 1,800 個投資標的可供選擇。2020 年，這 452 萬曾參與股市交易的股民，有人想要買、有人想要賣；有人要做多、有人要做空；有人要短線交易、有人想長期投資……

每個人都跟宇宙下了各自的訂單，宇宙為了滿足所有人的願望，所以股市裡的大盤指數、個股走勢、價格與成交量等等，分分秒秒、每天、每週、每月、每年等，都持續不斷的產生變動。在這眼花撩亂、目不暇及的動態市場中，「滿天全金條」，但是你要抓哪一條呢？有些人因為意志不堅定或到處打聽名牌、根本不知道自己要的是什麼，最後落得「要抓沒半條」的下場，甚至是「抓錯條」而賠了錢。

你有沒有這樣的經驗，股價接近你掛單的價格後，因為看它繼續往上漲，趕緊取消，再改為更高的價格，因為它又繼續漲，再改為更高的價格，然後它沒有到達這個價格，你就趕快再往下調整價格，但是股價下跌的速度比你想的還快，你再繼續往下改價格，最後賣出的成交價比你一開始設

---

* 聯合新聞網，2021/02/28，「去年股市小白人數大增 67 萬近 10 年來最多」：
https://udn.com/news/story/7251/5213223。
** 證券期貨局，https://www.sfb.gov.tw/ch/home.jsp?id=1010&parentpath=0%2C4%2C109。

定的還低，到頭來後悔自己為什麼要那麼貪心。

　　你是否也有過這樣的經驗，股票買進後等了幾天都沒漲，因為看到別的股票一直漲，決定賣掉這張都不會漲的股票改買其他張，結果賣掉後，它就一路漲上去，但你改買的這張股票卻開始一路往下跌，所以你只能苦笑著跟朋友說，只要被你買到的股票就會下跌，被你賣掉的就會上漲，所以大家笑稱只要和你「逆向操作」就會賺錢。

　　《一個投機者的告白》作者科斯托蘭尼說，想在股市裡賺錢不是靠頭腦，而是靠「坐功」，有耐心的人才能進入市場。股市在一開始出現的總是別的東西，結果要等到最後才會如同大家想的那樣。**如果交易中的各種要素都有效，剩下的只是時間問題。**他為股市發明了一個獨一無二的數學公式：$2 \times 2 = 5 - 1$。他用這個公式表示，最終發生的事情都會應驗。二乘以二等於四，這是最後的結果，但我們不是直接得到這個結果，而是繞了一圈。

　　你跟宇宙下的訂單一定會來，但你必須知道自己想下什麼訂單，然後耐心等待它的到來，若朝三暮四、變來變去，可能會打亂宇宙物流中心的出貨排程，屆時貨送到你手裡時，你可能已經不需要了；或是你臨時追加的訂單，來不及出貨給你，所以讓你錯過時機。

　　為什麼我要在前面舉出萬花筒的例子呢？

　　台股裡有將近二千家上市櫃公司及 ETF，它們就如同這個萬花筒裡的材料，隨著政經發展與全球經濟等因素，再加上眾人的訂單，股市萬花筒因而呈現出千千萬萬種圖案，這看似混亂無章的變化，其實都是宇宙為了滿足每個人的願望所做的巧妙安排。

　　你所要做的事，就是知道自己要的是什麼，並且下訂單，過程中不要急躁不安，全然的相信，並放手交給宇宙。不要執著於到達的時間和拘泥於特定的形式，有時候宇宙給的結果會超乎我們的預期。你是否曾經因為願望姍姍來遲而失望，後來才恍然發覺，在那個時候擁有對你來說反而是不適切的。

　　所以，請你保持喜悅的心情來欣賞宇宙彩繪出來的一幅幅創作，當你要的圖案出現時，不要懷疑，毫無畏懼的伸手去接受這份禮物。宇宙想給我們的財富、幸福與祝福，遠遠超過我們的想像，但你要用心地去觀察、去體悟，當機會來臨時，才有辦法一眼就辨識出它，並緊握住這個寶貴的機會。

　　美國作家華萊士・華特斯（Wallace D. Wattles）說：「你能為自己和世界所做最好的事，就是完全發揮你的天賦。」祝福你投資成功順利，擁有豐盛的財富，並盡情發揮上天賦予你的才能，為國家社會做出有意義的貢獻，讓世界更美好。

附錄

可以先想想兩個問題：

1. 我到底要不要參加除權？
2. 買賣股票的交易成本有多少？

　　圖表 A-1 以 2020 年國人的平均年薪 651,840 元為基礎，在股利 7 萬元、20 萬元、50 萬元、941,176 元四種情況下，不參加除權的隱藏成本，高於參加除權所需繳納的所得稅和健保補充保險費。

股利所得	7 萬元	20 萬元	50 萬元	941,176 元
【不參加除權】隱藏成本	18,036 元	28,887 元	53,934 元	90,736 元
【參加除權】所得稅＋健保補充保險費	11,079 元	9,012 元	18,511 元	42,378 元

圖表 A-1　比較不參加與參加除權的差異

波段存股法，
讓我滾出千萬退休金

有位股民於 2020 年的 249 個證券交易日裡，每天完成 1 筆 100 萬元買進，在不賺不賠的情況下，再以 100 萬元賣出的交易（此為一般的、非當沖交易），你猜猜他 1 年下來總共付了多少證交稅和手續費呢？（見圖表 A-2）

每日	證交稅	買進手續費	賣出手續費	合計
	3,000 元	1,425 元	1,425 元	5,850 元
1 年	1,456,650 元→將近 150 萬元			

圖表 A-2　每日以 100 萬交易，一年的手續費

要不要參加除權？

每年 5 月民眾在申報完所得稅後，接下來 6～7 月便進入上市櫃公司發放股利的旺季。不少人才剛歷經股利被課稅、荷包失血的傷痛，緊接著股利還要再被扣繳二代健保補充保險費，發現股利要被剝 2 次皮而不勝唏噓。

雪上加霜的是，根據衛生福利部中央健康保險署*公布，我國全民健康保險扣取及繳納補充保險費辦法之規定，

---

* 衛生福利部中央健康保險署 https://www.nhi.gov.tw

舉凡股利、獎金、利息所得、租金收入、薪資所得、執行業務收入等六項收入單次給付金額超過 2 萬元者，二代健保補充保險費費率自 2021 年 1 月 1 日起由 1.91％調升為 2.11％。

　　有鑑於高過 2 萬元的股利需要被扣健保補充保險費再加上所得稅，網路上便有不少人建議投資人不要參加除權，先賣掉股票，並於除權完再買回股票。由於我的投資方法會「存」下許多零成本股票，而且過程中如果股價未達三成漲幅時，是持續持有股票，這期間就領股利等待上漲機會，這樣一來，帳戶裡的股利要被課健保補充保險費和所得稅似乎很不划算。

　　假定你股票資產的市值為 100 萬元，根據之前我設定的股利殖利率 7％為基礎，當年度將會領到 100 萬 ×7％ = 7 萬元的股利。由於我所接下來的範例是以 2020 年的所得稅做說明，為了讓所得、稅基及健保補充保險費維持在相同的年份，因此採用 1.91％的健保補充費率。

　　7 萬元股利所需扣繳的健保補充費為 1,337 元（7 萬 ×1.91 ％ = 1,337），實 收 股 利 為 68,663 元（7 萬－1,337 = 68,663），如此一來，股利殖利率便由 7％減少為 6.87％（68,663 ÷ 100 萬 = 6.87％）。經由計算可發現，這樣的下降幅度，事實上並沒有想像中的顯著（見圖表 A-3）。

原始股利金額		實領股利金額
7 萬元	➡	68,663 元
原始股利殖利率		實際股利殖利率
7%	➡	6.87%

圖表 A-3　扣繳二代健保的實際股利和殖利率

　　然而，被剝了健保補充保險費的第一層皮後，股利還要再被剝第二層皮 —— 課徵所得稅。為了繼續計算出股利需要繳納的所得稅金額，我先列出財政部賦稅署的規定 *，然後據此試算不同股利水準下，所需繳納的稅額（見圖表 A-4）。此外，我將綜合所得稅速算公式重新編表，以使讀者更易於理解與計算，表格如圖表 A-5 所示。

---

* 財政部賦稅署，https://www.dot.gov.tw/singlehtml/ch26?cntId=0efb5d5e7bb941c
7b6b81f576d24480d。

圖表 A-4　綜合所得稅及所得基本稅額相關免稅額、
　　　　　扣除額及課稅級距金額一覽表

單位：新台幣

項目		金額
免稅額	一般	8.8 萬
	年滿 70 歲之納稅義務人、配偶及受納稅義務人扶養之直系尊親屬免稅額增加 50%	13.2 萬
標準扣除額	單身	12 萬
	有配偶者	24 萬
薪資所得特別扣除額		20 萬
身心障礙特別扣除額		20 萬
課稅級距	5%	0~54 萬
	12%	540,001~121 萬
	20%	1,210,001~242 萬
	30%	2,420,001~453 萬
	40%	4,530,001 以上

（接下頁）

波段存股法，
讓我滾出千萬退休金

項目		金額
退職所得	一次領取者	一次領取總額在 18 萬元乘以退職服務年資之金額以下者，所得額為 0
		超過 18 萬元乘以退職服務年資之金額，未達 36.2 萬元乘以退職服務年資之金額部分，以其半數為所得額
		超過 36.2 萬元乘以退職服務年資之金額部分，全數為所得額
	分期領取者	以全年領取總額，減除 78.1 萬元後之餘額為所得額
所得基本稅額條例	基本所得額免稅額度（個人）	670 萬元
	基本所得額免稅額度（營利事業）	50 萬元
	保險死亡給付免稅額度	3,330 萬元

綜合所得淨額	稅率	累進差額
0～54 萬	5%	0
540,001～121 萬	12%	37,800
1,210,001～242 萬	20%	134,600
2,420,001～453 萬	30%	376,600
4,530,001 以上	40%	829,600
應納稅額 = 綜合所得淨額 × 稅率 − 累進差額		

圖表 A-5　綜合所得稅速算公式

　　由以上規定可發現，沒有撫養子女與直系尊親的單身者，免繳所得稅的項目包含「一般免稅額：8.8 萬元」＋「標準扣除額：12 萬元」＋「薪資所得特別扣除額：20 萬元」，共計 40.8 萬，也就是薪資收入低於此金額的單身小資族，不需繳稅。

　　沒有撫養子女與直系尊親的夫妻，免繳所得稅的項目包含「一般免稅額：8.8 萬元 ×2」＋「標準扣除額：24 萬元」＋「薪資所得特別扣除額：20 萬元 ×2」，共計 81.6 萬元，也就是夫妻薪資合計收入低於此金額的已婚頂客族，不需繳稅（見圖表 A-6）。

　　以上是單身者與已婚者（家庭）最基本的免繳納所得稅

金額，納稅義務人若有其他的扣除項目與金額，便能再增加免繳納所得稅的額度。例如，某個單身小資族，如果他撫養年滿 70 歲的雙親，就能再增加 2 個 13.2 萬元的免稅額，薪資收入超過 67.2 萬元（408,000 ＋ 13.2 萬 ×2 ＝ 67.2 萬元）以上的金額，才需繳課徵所得稅。

	單身小資族 （沒有撫養子女與直系尊親）	已婚頂客族 （沒有撫養子女與直系尊親）
免稅額	8.8 萬元	17.6 萬元 （8.8 萬元 ×2）
標準扣除額	12 萬元	24 萬元
薪資所得 特別扣除額	20 萬元	40 萬元 （20 萬元 ×2）
最基本的免繳 納所得稅金額	40.8 萬元	81.6 萬元

圖表 A-6　單身與已婚頂客族的免稅金額

接下來，我再列出財政部的所得稅額計算方式 *，並於後面繼續進行說明。

基本上而言，若納稅義務人適用的所得稅率在 20％以

---

* 財政部台北國稅局，https://www.ntbt.gov.tw/singlehtml/427cf8ac45794e92a7cb9
e0b91de33cf?cntId=2c0149bf28c948528ca2d7d45d5df349

下，也就是一般投資人或小資族，採取「合併計稅」會比較有利。亦即將股利及其他綜合所得合併在一起計算所得總額，其中之「股利及盈餘合計金額按 8.5％ 計算可抵減稅額，抵減當年度綜合所得稅結算申報應納稅額，每一申報戶每年抵減金額以 8 萬元為限」。

括號起來的這段文字，若以白話文解釋，就是「納稅義務人的『股利金額』乘以 8.5％ 所換算出來的金額，只要低於 8 萬元的部分，能全數用來抵稅或退稅。而這可以全數用來抵稅或退稅的「股利金額」之上限是多少、如何計算出來呢？它是將 8 萬元除以 8.5％ 來進行計算（8 萬 ÷ 8.5 ％ ＝ 941,176），股利的金額上限為 941,176 元」。

不少人乍看條文時，還以為可以用來抵稅或退稅的股利金額只有 8 萬元，實際上只要股利約低於 94 萬元以下者，皆能抵稅或退稅。然而，若納稅義務人適用的所得稅率是 30％ 或 40％ 時，也就是大股東或高收入族群，股利以 28％ 之單一稅率「分開計算」應納稅額，會比較有利。

以下，我將以 2020 年國人的平均年薪 651,840 元 * 和最基本的 40.8 萬元免納所得稅的金額，亦即前面所謂的沒有撫養子女與直系尊親的單身者為基礎進行說明。基本上，大

---

* 中華民國統計資訊網 https://www.stat.gov.tw/ct.asp?xItem=46898&ctNode=527&mp=4

多數人適用的所得稅率為 5％、12％ 及 20％，我以國人平均年薪 651,840 元來進行試算時，發現即便 1 年領到的股利已達可扣抵稅額的最高上限 94 萬元，但是他的所得稅稅率並沒有大家想像中的高，適用 12％ 稅率，尚未到達 20％ 的標準。

如果此人不參加除權，也就是在沒有任何股利所得的情況下，他的應稅所得為 651,840－40.8 萬 = 243,840 元。此金額的適用稅率是 5％，所以應繳稅額是 243,840×5％ = 12,192 元。**請讀者先記住不參加除權、股利為零，所需繳納的所得稅金額數字「12,192 元」。**接下來，我將分別計算股利 7 萬元、20 萬元、50 萬元及 941,176 元所需繳納的金額（見圖表 A-7）。

但要補充說明的是，即使股利匯入投資人帳戶時，已先扣繳二代健保補充保險費了，納稅義務人在隔年申報所得稅時，政府規定還是要把已被扣繳的金額納入股利所得，亦即以原始股利金額進行課稅。

參加除權，股利要繳多少所得稅？

股利 7 萬元

假設投資人擁有市值 100 萬元的股票，並以之前設定的

股利殖利率 7％為基礎，將會領到 7 萬元的股利。如果此人
參加除權並領了 7 萬元股利，則他的應稅所得為 651,840 ＋
7 萬－40.8 萬 ＝ 313,840 元。此金額的適用稅率是 5％，應
繳稅額是 313,840×5％ ＝ 15,692 元。但還沒結束喔，他的 7
萬元股利可以獲得 8.5％的可抵減稅額，亦即 7 萬 ×8.5％ ＝
5,950 元，所以實際上僅需繳納 15,692－5,950 ＝ 9,742 元的
所得稅。

　　有沒有發現，這個金額竟然低於不參加除權的 12,192
元呢？即使我們再將所得稅（9,742 元）加上健保補充保
險費（7 萬 ×1.91％ ＝ 1,337），二者的金額總計為 11,079
元，依然小於不參加除權的所得稅 12,192 元，看到這個結
果，有沒有感到出乎意外呢？

股利 20 萬元

　　假設投資人擁有市值 2,857,143 元的股票，並以之前所
設定的股利殖利率 7％為基礎，將會領到 20 萬元的股利。
如果此人參加除權並領了 20 萬元股利，則他的應稅所得增
加為 651,840 ＋ 20 萬－40.8 萬 ＝ 443,840 元。此金額的適用
稅率是 5％，應繳稅額是 313,840×5％ ＝ 22,192 元。此 20
萬元股利可以獲得 8.5％的可抵減稅額，亦即 20 萬 ×8.5％
＝ 1.7 萬元，所以實際上僅需繳納 22,192－1.7 萬 ＝ 5,192 元

的所得稅。

　　這裡有沒有覺得很神奇，不參加除權（股利 0 元）的所得稅金額為 12,192 元，領 7 萬元股利的所得稅金額降至為 9,742 元，領 20 萬元股利的所得稅金額則是再度降低為 5,192 元（12,192 元→ 9,742 元→ 5,192 元）。領了 20 萬元股利者所需繳納之所得稅（5,192 元），即便再加上健保補充費（20 萬 ×1.91％＝ 3,820），二者的金額總計為 9,012 元，依舊小於不參加除權的所得稅金額 12,192 元，看到這個結果，有沒有再度令你覺得很意外呢？

股利 50 萬元

　　假設投資人擁有市值 7,142,857 元的股票，並以之前所設定的股利殖利率 7％為基礎，將會領到 50 萬元的股利。如果此人參加除權並領了 50 萬元股利，則他的應稅所得增加為 651,840 ＋ 50 萬－40.8 萬＝ 743,840 元。此金額的適用稅率已經進階為 12％，應繳稅額是 743,840×12％－37,800 ＝ 51,461 元（請參考前面的綜合所得稅速算公式表）。此 50 萬元股利可以獲得 8.5％的可抵減稅額，亦即 50 萬 ×8.5％＝ 42,500 元，所以實際上僅需繳納 51,461－42,500 ＝ 8,961 元的所得稅。

　　這裡有沒有覺得很神奇，領了 50 萬元股利只要繳 8,961

元的所得稅，這比不參加除權（股利 0 元）的所得稅金額為 12,192 元還要低。50 萬元股利所得稅（8,961 元）加上健保補充保險費（50 萬 ×1.91％＝ 9,550 元），二者的金額總計為 18,511 元，這個金額並沒有想像中的多，對不對？

股利 941,176 元

由於股利 941,176 元剛好符合 8.5％的可抵減稅額 8 萬元的上限，所以我特別列出這個股利金額來示範。假設投資人擁有市值 13,445,374 元的股票，並以之前設定的股利殖利率 7％為基礎，將會領到 941,176 元的股利。

如果此人參加除權並領了此股利，則他的應稅所得增加為 651,840 ＋ 941,176－40.8 萬＝ 1,185,016 元。此金額的適用稅率為 12％，應繳稅額是 1,185,016×12％－37,800 ＝ 104,402 元（請參考前文綜合所得稅速算公式表）。

這筆股利可以獲得 8.5％的可抵減稅額，即 941,176 ×8.5％＝ 8 萬元，所以實際上僅需繳納 104,402－8 萬＝ 24,402 元所得稅，最後再加上健保補充費（941,176× 1.91 ％＝ 17,976 元），二者的金額總計為 42,378 元。

有工作所得又領了 94 萬元股利，繳納 4.2 萬元的稅金與健保補充保險費，其實也是對國家社會應有的回饋呢！我把上述內容整理於下頁表格，以方便讀者進行參考比較。

單位：新台幣

薪資所得	651,840	651,840	651,840	651,840	651,840
股利所得	0	7 萬	20 萬	50 萬	941,176
所得合計	651,840	721,840	851,840	1,151,840	1,593,016
免稅額	8.8 萬	8.8 萬	8.8 萬	8.8 萬	8.8 萬
一般扣除額	12 萬	12 萬	12 萬	12 萬	12 萬
薪資特別扣除額	20 萬	20 萬	20 萬	20 萬	20 萬
合計	40.8 萬	40.8 萬	40.8 萬	40.8 萬	40.8 萬
應稅所得	243,840	313,840	443,840	743,840	1,185,016
稅額	12,192（5%）	15,692（5%）	22,192（5%）	51,461（12%）	104,402（12%）
可扣抵稅額	0	5,950	1.7 萬	42,500	8 萬
應繳所得稅額	12,192	9,742	5,192	8,961	24,402
健保補充保險費	0	1,337	3,820	9,550	17,976
所得稅＋健保補充保險費	12,192	11,079	9,012	18,511	42,378

圖表 A-7　參加除權，要繳多少稅和補充保費？

　　一般人因為股利要扣健保補充保險費和所得稅而感到憤恨不平，但為了不參加除權而賣掉股票時，卻經常忽略了交易過程衍生的證交稅及手續費。此外，賣掉股票再買回時，還必須承擔股價是否會上漲的未知風險。

不參加除權，隱藏的成本與費用

　　接下來，我將繼續計算不參加除權所隱藏的成本與費用，以及這會對股票資產造成的影響。投資人不參加除權而賣出股票時，必須繳交千分之三（3‰）的證交稅給政府，以及千分之 1.425（1.425‰）的手續費給券商，等到除權完再買回股票時，要再繳交千分之 1.425（1.425‰）的手續費給券商。

　　雖然，有些人因為網路下單或與券商有特殊約定，而能取得手續費折扣優惠，但是我會以 1.425‰的規定作為計算基礎，讀者可以再根據個人實際狀況自行調整。為了與先前所示範的所得稅範例一致，在此我將延續以股利 7 萬元、20 萬元、50 萬元、941,176 元所對應的股票市值做說明。

股利 7 萬元

　　以前面所設定的股利殖利率 7％為基礎，擁有市值 100 萬元股票的投資人可以領到 7 萬元股利。此人因為覺得要扣繳健保補充保險費和所得稅很不划算，所以決定在除權前賣出股票。賣出股票時必須繳交證交稅（100 萬 ×3‰ ＝ 3,000）及手續費（100 萬 ×1.425‰ ＝ 1,425），總計 4,425 元。

　　除權完，便開心的要用 100 萬元再把股票買回來，此

時請你先暫停，在扣掉證交稅和手續費之後，實際上匯入你帳戶裡的資金只剩下 995,575 元（100 萬－4,425 ＝ 995,575）。什麼？我從沒想過這個問題！對，以前的我和大多數人一樣，從沒想過這個問題。

接下來，用 995,575 元買進股票時，也必須再收取一次手續費 1,419 元（995,575×1.425‰ ＝ 1,419）。經由這麼一賣一買的交易，賣出的證交稅再加上賣出與買進的手續費，所衍生的隱藏成本為 3,000 ＋ 1,425 ＋ 1,419 ＝ 5,844 元。如果再加上應繳所得稅 12,192 元，總成本將變成 18,036 元（5,844 ＋ 12,192 ＝ 18,036），此金額其實是高於參加除權並扣繳健保補充保險費後，所需繳納的所得稅金額 11,079 元。看到這個結果，有沒有覺得很吃驚呢？

也許，有讀者會認為 12,192 元的所得稅是源自於薪資所得，這和除不除權或是股利沒任何關係，所以不應將其納入上述的隱藏成本裡。但由於股利在報稅時可以獲得 8.5% 的可抵減稅額，此勢必會對所得稅繳納金額造成影響，因此投資人在決定是否要參加除權時，就必須對領股利與不領股利的利弊得失進行通盤考量，基於此理由所以我便將 12,192 元所得稅合併至隱藏成本中。

當然，若有讀者覺得不納入計算比較合理，請自行在腦海中將其移除。

股利 20 萬元

在此以之前所設定的股利殖利率 7％為基礎，擁有市值 2,857,142 元股票的投資人可以領到 20 萬元股利。此人在除權前賣出股票並繳交證交稅（2,857,142×3‰ ＝ 8,571）及手續費（2,857,142×1.425‰ ＝ 4,071），總計 12,642 元。賣出股票在扣除掉證交稅和手續費後，實際上匯入你帳戶裡的資金只剩下 2,844,500 元（2,857,142－12,642 ＝ 2,844,500）。

接下來用 2,844,500 元買回股票時，也必須再收取一次手續費 4,053 元（2,844,500×1.425‰ ＝ 4,053）。經由這麼一賣一買的交易，賣出的證交稅再加上賣出與買進的手續費，所衍生的隱藏成本為 16,695 元（8,571 ＋ 4,071 ＋ 4,053 ＝ 16,695）。如果再加上應繳所得稅 12,192 元後，總成本將變成 28,887 元（16,695 ＋ 12,192 ＝ 28,887），此金額其實是高於參加除權，並扣繳健保補充保險費後，所需繳納的所得稅金額 9,012 元。

看到這個結果，有沒有覺得更驚訝了呢？

股利 50 萬元

在此以之前所設定的股利殖利率 7％為基礎，擁有市值 7,142,857 元股票的投資人可以領到 50 萬元股利。此人在除權前賣出股票並繳交證交稅（7,142,857×3‰ ＝ 21,429）及

手續費（7,142,857×1.425‰ ＝ 10,179），總計 31,608 元。
賣出股票在扣除掉證交稅和手續費後，實際上匯入帳戶裡的
資金只剩下 7,111,249 元（7,142,857－31,608 ＝ 7,111,249）。

接下來，用 7,111,249 元買回股票時，也必須再收取一
次手續費 10,134 元（7,111,249×1.425‰ ＝ 10,134）。經由
這麼一賣一買的交易，賣出的證交稅再加上賣出與買進的手
續費，所衍生的隱藏成本為 41,742 元（21,429 ＋ 10,179 ＋
10,134 ＝ 41,742）。

如果再加上應繳所得稅 12,192 元之後，總成本將變成
53,934 元（41,742 ＋ 12,192 ＝ 53,934），此金額其實是高
於參加除權並扣繳健保補充保險費後所需繳納的所得稅金額
18,511 元。看到這個結果，有沒有感到很不可思議呢？

股利 941,176 元

在此以之前所設定的股利殖利率 7％為基礎，擁有市
值 13,445,371 元股票的投資人可以領到 941,176 元股利。
此人在除權前賣出股票並繳交證交稅（13,445,371×3‰ ＝
40,336）及手續費（13,445,371×1.425‰ ＝ 19,160），總
計 59,496 元。賣出股票在扣除掉證交稅和手續費之後，實
際上匯入帳戶裡的資金只剩下 13,385,875 元（13,445,371－
59,496 ＝ 13,385,875）。

接下來，用 13,385,875 元買回股票時，也必須再收取一次手續費 19,075 元（13,385,875×1.425‰＝ 19,075）。經由這麼一賣一買的交易，賣出的證交稅再加上賣出與買進的手續費，所衍生的隱藏成本為 78,571 元（40,336 ＋ 19,160 ＋ 19,075 ＝ 78,571）。

如果再加上應繳所得稅 12,192 元之後，總成本將變成 90,763 元（78,571 ＋ 12,192 ＝ 90,763），此金額其實是高於參加除權並扣繳健保補充保險費後所需繳納的所得稅金額 42,378 元。

過去這些被投資人所忽略的隱藏成本，遠遠超乎大家的想像，一路看下來有沒有驚呼連連呢？我把上述內容整理於圖表 A-8，以方便讀者進行參考比較。

股票市值	1,000,000	2,857,142	7,142,857	13,445,371
股利所得	7 萬元	20 萬元	50 萬元	941,176 元
【不參加除權】隱藏成本	18,036 元	28,887 元	53,934 元	90,736 元
【參加除權】所得稅＋健保補充保險費	11,079 元	9,012 元	18,511 元	42,378 元

圖表 A-8　比較不參加與參加除權的隱藏成本

頻繁交易的代價

　　台灣股市短線交易熱絡，如同香港電影《少林足球》裡面二師兄所說的「我一秒鐘幾十萬上下」的人大有所在，每天在股市裡頻繁進進出出者，也是不勝枚舉。巴菲特認為這種類似蜜蜂採花蜜般的不斷換股操作方式，將會產生沉重的交易成本，包含買賣價差、手續費、佣金、稅金等。巴菲特笑稱把一個不斷進出股市的人稱之為投資人，就如同把一個不斷玩一夜情的人稱之為浪漫情人。

　　2020 年有 366 天，總放假日數 115 日 *，另外考慮股市於農曆春假前兩日封關，若以此為基礎，可以計算出股市交易總日數為 366 － 115 － 2 ＝ 249 天。

　　現在假定有個熱中交易的股民，在每個股市交易日完成一筆 100 萬元買進，在不賺不賠的情況下，再以 100 萬元賣出的一般、非當沖交易（抑或是你把它想成今天賣出昨天的股票，然後再買進新的股票；明天再賣出今天的股票，然後再買進新的股票），你猜猜 1 年 249 天下來，他總共付出多少證交稅與手續費的成本呢？

　　100 萬元的買進手續費為 1,425 元（100 萬 ×1.425‰

---

* 行政院人事行政總處：https://www.dgpa.gov.tw/information?uid=30&pid=9811

＝ 1,425），加上 100 萬元的賣出證交稅 3,000 元（100 萬 ×3‰＝ 3,000），再加上 100 萬元的賣出手續費 1,425 元（100 萬 ×1.425‰＝ 1,425），總計 5,850 元。

每天 100 萬元在不賺不賠、進出各 1 次的成交情況下，1 天的交易成本是 5,850 元，一年 249 個交易日的總成本是 1,456,650 元，將近 150 萬元（見圖表 A-9）。我的天啊，這個數字的震撼效果應該遠遠超過前面的任何驚訝了吧！

每日	證交稅	買進手續費	賣出手續費	合計
	3,000 元	1,425 元	1,425 元	5,850 元
1 年	1,456,650 元→將近 150 萬元			

圖表 A-9　每天買賣交易，累積 1 年的手續費

可是聽說用網路下單或請券商給予打折，這樣一來就能省下一筆可觀的手續費了。假設爭取到手續費 5 折的優惠折扣，請你再猜一次這樣 1 年 249 天下來，交易成本會變成多少呢？

100 萬元的買進手續費為 713 元（100 萬 ×1.425‰ ×0.5 ＝ 713），加上 100 萬元的賣出證交稅 3,000 元（100 萬 × 3‰＝ 3,000），再加上 100 萬元的賣出手續費 713 元（100 萬 ×1.425‰ ×0.5 ＝ 713），總計 4,426 元。

1 年 交 易 249 次， 總 成 本 為 4,425×249 = 1,101,825 元。不要懷疑你的眼睛，你真的沒有看錯，這樣的成本確確實實還是超過 100 萬元，高達 110 萬元（見圖表 A-10）。

每日	證交稅	買進手續費	賣出手續費	合計
	3,000 元	713 元	713 元	4,426 元
1 年	1,101,825 元 → 超過 100 萬元，高達 110 萬元			

圖表 A-10　每天交易，累積 1 年打 5 折的手續費

一講到股利要扣健保補充保險費和所得稅，就讓不少人因為荷包失血而感到心痛。然而你卻萬萬沒料到，原來頻繁進出股市之下，早已在不知不覺中，付出超乎你所能想像的代價。給你 100 萬元本金，請你每天在股市好好操盤，目標是 1 年後獲利 100 萬元。這個目標真的不容易達到，但是 1 年過後如同上面所計算的，交易成本輕而易舉的就超過 100 萬元。

有些人之所以在股市裡賺不到錢，是因為忽略了過程中看似不起眼、不痛不癢的交易成本，前面我提到巴菲特說的「這種類似蜜蜂採花蜜般的不斷換股操作方式，將會產生沉重的交易成本，包含買賣價差、手續費、佣金、稅金等」，就是在述說這樣的道理。

　　有些人覺得自己每天捨身賣命工作，彷彿倉鼠般在滾輪上永無止盡的奔跑著，薪水扣掉生活開銷後所剩無幾，已經淪落為窮忙族。為了脫離這樣的困境，所以投入股市想擁有財富自由的人生。**這隻倉鼠再度為自己在股市裡架設了一個新的滾輪**，抱持著必勝的決心每天殺進殺出、忙得團團轉，明明覺得自己應該有賺到錢才對，但卻發現實際上本金怎麼越來越少？

　　看到前面分析的短進短出之隱藏成本後，有沒有一種恍然大悟的感覺？**原來自己除了用「人」來為老闆賺錢，更用自己的「錢」來為政府與券商賺錢，這到底是在為誰辛苦為誰忙呢？最終竟然落得「人、財」兩失的下場。**

　　2021 年上半年度，我在撰寫這本書的期間，台灣股市成為全民運動，股市交易熱絡，大盤指數屢創新高，成交金額也是不斷爆天量。2021 年 4 月 22 日集中市場的成交金額為 6,523 億元，再加上櫃市場 1,152 億元，總成交量高達 7,675 億元。

　　股民們短線進出讓股市熱鬧滾滾，其中當天的當沖交易買賣金額總計 4,847 億元 *，此比重占總成交量的 64%。你

---

* 〈工商社論〉「關注當沖大增對股市的衝擊」，https://www.chinatimes.com/newspapers/20210504000104-260511?fbclid=IwAR1QOnRDuhSpjvToZgBxMIU4xL1sd3crX-zopUoHgtlLBvEfFgD33Co8_KA&chdtv

覺得這一天的證交稅與手續費是多少呢？*讀者可以拿出計算機來計算一下，但可千萬不要被眼睛看到的數字給嚇一大跳。

　　每每閱讀《巴菲特寫給股東的信》時，對巴菲特就不禁油然升起尊崇之心，書裡不僅教導我投資原理，也啟迪我許多人生觀念，有些內容光是要「知」就不容易了，要「行」又是另一個層次的挑戰。為了表示對他的敬重，以及時時勉勵自己堅守紀律的重要，所以我才將投資小名取為江菲特，藉以提醒自己在投資的道路上，以大師為榜樣並持續學習。

　　此外，巴菲特的夥伴查理．蒙格（Charles T. Munger）《窮查理的普通常識》（*Poor Charlie's Almanack*）的睿智論述，也同樣深具參考價值。巴菲特指出他們堅信買進並持有好公司，然而華爾街近年來迷戀交易，他們的姿態反而顯得突兀，但是巴菲特認為這樣的態度符合他們的個性和喜歡的生活方式。

　　巴菲特引用邱吉爾的話：「你塑造你的房子，然後是房子塑造你。」用以表示他很清楚自己希望經歷什麼樣的塑造方式。這句話觸動了我的心，所以我把它改編成「你塑造你

*　目前政府給予當沖證交稅減半的優惠。

的價值觀、態度與習慣，然後是你的價值觀、態度與習慣塑造你」。

　　當你的中心思想逐漸形塑完成，不管未來在投資決策或是面對各種人生抉擇時，內心將會自然地引導你去做出較「善的」、「正確的」選擇。

翻轉學 翻轉學系列 068

波段存股法，讓我滾出千萬退休金
投資晚鳥教師 43 歲打造股市開心農場，
「波段價差」＋「股利再投入」，讓投資變零成本

作　　　者	江季芸	
總　編　輯	何玉美	
主　　　編	林俊安	
校　　　對	許景理	
封 面 設 計	FE 工作室	
內 文 排 版	黃雅芬	

出 版 發 行	采實文化事業股份有限公司
業 務 發 行	張世明・林踏欣・林坤蓉・王貞玉
國 際 版 權	鄒欣穎・施維真・王盈潔
印 務 採 購	曾玉霞
會 計 行 政	李韶婉・許俴瑀・張婕莛
法 律 顧 問	第一國際法律事務所　余淑杏律師
電 子 信 箱	acme@acmebook.com.tw
采 實 官 網	www.acmebook.com.tw
采 實 臉 書	www.facebook.com/acmebook01

I S B N	978-986-507-461-6
定　　　價	350 元
初 版 一 刷	2021 年 9 月
初版十五刷	2024 年 4 月
劃 撥 帳 號	50148859
劃 撥 戶 名	采實文化事業股份有限公司
	104 台北市中山區南京東路二段 95 號 9 樓
	電話：(02)2511-9798　傳真：(02)2571-3298

國家圖書館出版品預行編目資料

波段存股法，讓我滾出千萬退休金：投資晚鳥教師43 歲打造股市開心
農場，「波段價差」＋「股利再投入」，讓投資變零成本/ 江季芸著－台
北市：采實文化，2021.08
240 面；14.8×21 公分 . --（翻轉學系列；68）
ISBN 978-986-507-461-6（平裝）
1. 股票投資 2. 投資技術 3. 投資分析
563.53　　　　　　　　　　　　　　　　　　　110010034

采實出版集團
ACME PUBLISHING GROUP

翻轉學

翻轉學

翻轉學

翻轉學